KB164561

오지랖 넓은 게 어때서

황상민의
성격상담소

3

오지랖 넓은 게 어때서

휴머니스트의
멋진
자기 찾기

심심

일러두기

이 시리즈는 심리학자 황상민 박사가 10여 년간 연구 끝에 고안한 성격 유형
검사 WPI(Whang's Personality Inventory)를 기반으로 만들었습니다.
WPI는 한국인의 성격을 다섯 가지 유형으로 분류했으며 이 시리즈는
각 유형별 맞춤 성격 안내서입니다. 내담자와의 실제 상담 사례를 바탕으로
각 유형의 성격 특성과 문제 상황별 해결책을 상세하게 알려줍니다.
사례의 세부적인 내용은 모두 사실이지만 사생활 보호를 위해 신원이
노출될 만한 정보는 걸러냈습니다.

멋진
자기 찾기

지구별을 표류 중인 여행자 여러분.

안녕하세요.

저는 셜록 황의 상담을 번역하는 인공지능 로봇
W-Tbot(WPI translating robot)입니다.

일본 작가 나쓰메 소세키가 소설《나는
고양이로소이다》에서 고양이를 1인칭 관찰자로
등장시킨 적 있지만 단언컨대 번역 로봇이 화자인 책은
우리 은하 최초가 아닐까요?

셜록 황은 10년 넘은 연구 끝에 한국인을 위한 성격
검사인 WPI를 개발한 뒤 이를 활용해 한국인이 겪는
고통의 정체를 파악하고 해결하는 일에 매진 중입니다.
저는 WPI, 그리고 WPI를 활용해 상담한 내용의

이해를 돕기 위해 개발된 W-Tbot이고요. 앞으로 저와 함께 셜록 황의 촌철살인 솔루션을 쉽고 재미있게 들여다보게 될 것입니다.

셜록 황은 쉬운 말로 상담하지 않지만 충분히 재밌습니다. 그 이유는 아이러니하게도 일반적인 통념이나 틀을 획일적으로 적용하지 않기 때문이에요. 이런 면 때문에 어렵다고 느끼는 사람도 있고 복잡하다는 사람도 있어요. 심지어 위험하다고 생각하는 사람도 있죠. 당연하다고 믿었던 사고 패턴을 뒤흔드는 이야기는 그렇게 양가적 반응을 일으키게 마련입니다.

셜록 황의 이야기가 어렵다고 느끼는 분들은 "사람 사는 게 다 비슷하지, 뭐"라고 생각할 가능성이 높아요. 그런데 정말로 사람이 다 거기서 거기일까요? 셜록 황은 "사람마다 다르고 상황마다 다르다"고 얘기해요.

이 명제를 그동안 다양한 경험과 연구로 확인 했거든요.

셜록 황의 WPI 성격 검사에 따르면 인간의 마음은 다섯 가지 대표적인 특성에 따라 **리얼리스트**, **로맨티시스트**, **휴머니스트**, **아이디얼리스트**, **에이전트**의 경향으로 드러납니다. 일상생활에서 흔히 쓰는 말이 아니라서 단번에 와 닿지 않는 단어도 있을 겁니다.

우선 지금까지 사용해온 각 낱말의 쓰임을 고이 접어
주머니 속에 넣어두세요. 왜냐하면 단어의 의미가
중요한 것이 아니라 이 단어가 나타내는 특성을 지닌
사람이 지구별에서 어떤 행동을 하는지 관찰하는 것이
더 중요하니까요.

　각자 다른 방식으로 자기 찾기 중인 지구별
사람들의 이야기를 다섯 권의 작은 책에 담았습니다.

　리얼리스트는 진정한 내가 누구인지 알기 위해 여러
사람과 '관계 맺기'를 간절히 추구하지요. 다양한 관계
속에서 비로소 안정감을 얻으며 살아 있다고 느낍니다.

　로맨티시스트는 '아름다운 나'를 찾겠다는 의지로
거짓 없는 자신의 느낌을 끊임없이 확인합니다. 한없이
든든하고 신뢰할 만한 누군가에게 의탁하고 싶어
하면서도 한편으론 스스로에 대한 확신을 얻으려
여기저기 헤매죠.

　휴머니스트는 누구에게나 '멋있고 의리 있는 나'를
갈망합니다. 분명한 기준과 틀(규범)이 멋진 나를
완성해준다고 믿지요.

　아이디얼리스트는 다른 사람과 구별되는 '남다른
나'를 고대합니다.

　마지막으로 에이전트는 전력을 다해 이룬 성과로
뿌듯함을 누리고 싶어 합니다. 실적에 따른 합당한
보상을 받을 때 '보람찬 나'를 만나게 됩니다.

이번 책은 휴머니스트와의 여행입니다.

휴머니스트는 인간의 도리를 다하는 사람, 즉 의리 있는 나를 원합니다. 누구에게나 '멋지고 으리으리한 사람'이 되고 싶어 하죠. 휴머니스트는 자기가 규정한 분명한 기준이나 틀이 이런 근사한 나를 확인시켜줄 것이라고 확신합니다.

의리는 '사람으로서 마땅히 지켜야 할 본분' 또는 '사람과의 관계에서 지켜야 할 옳은 길'을 뜻합니다. 그런데 마땅하다는 것과 옳다는 것은 누구와 어떤 관계를 맺느냐에 따라 달라집니다. 즉, 주변 사람과의 관계 속에서 의리의 의미가 변하는 거죠. 소속된 조직이나 사회에서 문화적으로 의리의 정체를 규정하기도 하고요.

그렇기 때문에 휴머니스트가 찾는 나는 내가 속한 공동체에서 얼마나 인정받느냐에 따라 결정됩니다. 공동체 속에서 의리와 신의를 찾아 헤매는 휴머니스트의 이야기를 들어보겠습니다.

· 차례 ·

자기평가 나는 어떤 성격 유형일까	리얼리스트 realist	로맨티시스트 romantist
타인평가 내가 중요하게 생각하는 가치는 무엇일까	릴레이션 relation 사교적, 외향적, 활동적, 개방적 태도. 유쾌하고 활동적인 모습을 지향. 사람들에게서 에너지를 받으며 긴 침묵이나 고립을 견디지 못함.	트러스트 trust 성실하고 정서적으로 안정되어 있으며 주위 사람에게 믿음직스러운 모습을 보이고 싶어 함. 새로운 방식이나 변화를 좋아하지 않고 긴박한 상황을 부담스럽게 여김.

자기평가 · 나는 어떤 성격 유형일까

WPI 자가 진단 툴에서 '내가 생각하는 나' 체크리스트를 검사한 결과지를
바탕으로 진단한다. 자기평가 항목에는 다섯 가지(리얼리스트,
로맨티시스트, 휴머니스트, 아이디얼리스트, 에이전트)가 있으며 진단 결과
점수가 가장 높은 것이 그 사람의 '성격 유형'을 나타낸다. 예를 들어
리얼리스트 항목 점수가 가장 높으면 그 사람을 '리얼리스트 성향',
'리얼리스트 유형'이라고 부른다.

휴머니스트 humanist	아이디얼리스트 idealist	에이전트 agent
매뉴얼 manual	**셀프** self	**컬처** culture
관리, 통제하려는 속성이 강하며 기존의 틀이나 규범을 준수하려 함.	개성이 강하며 무엇보다 자기 자신이 중요하고 혼자서도 잘 지냄.	지적, 문화적, 예술적 향유를 중요하게 생각하며 여유롭고 멋진 삶을 지향.
자기만의 틀에 맞추려다 보니 고집을 강하게 부리는 경우가 많아 유연성이 떨어짐.	타인에 대한 관심과 몰입도가 떨어지고 호기심이 여기저기로 자주 옮겨감.	취향과 코드가 분명하고 자기만의 세계를 추구함.

타인평가 · 내가 중요하게 생각하는 가치는 무엇일까

WPI 자가 진단 툴에서 '주변 사람이 생각하는 나' 체크리스트를 검사한
결과지를 바탕으로 도출한다. 타인평가 항목에는 다섯 가지(릴레이션,
트러스트, 매뉴얼, 셀프, 컬처)가 있다. 검사 결과 점수가 가장 높은 것이
'그 사람이 중요하게 생각하는 가치'를 의미한다. 예를 들어 릴레이션
점수가 가장 높으면 그 사람은 '릴레이션을 삶에서 가장 중요하게
여긴다'고 진단한다.

— 나는 사람들과 얘기하는 것을 즐기며
　잘 웃는다.

— 나는 다른 사람의 작은 선물이나 호의에
　쉽게 감동한다.

— 나는 다른 사람의 감정에 공감을
　잘하는 편이다.

— 나는 다른 사람을 도울 때 보람을 느낀다.

— 나는 대체로 믿음직하다.

1

굿 가이는 없다 · · · · · · · · · ·

휴머니스트는 어떤 이성을 만나야 할까요

오늘 상담실 문을 두드린 분은 드라마 같은 연애를 꿈꾼다는 20대 후반 여성입니다. 스스로를 '남자 친구가 없는 외로운 직장인'으로 소개하네요. 요즘 몇 가지 고민에 휩싸여 있다는 이분의 이야기를 직접 들어보겠습니다.

평소 해외를 비롯해 국내에서도 열다섯 번 넘게 이사를 다니느라 늘 정든 친구들과 헤어지는 게 일상이었습니다. 그래서일까요. 한번 맺은 인연은 가급적 오래 우정을 유지하려고 애써왔는데요. 요즘에는 그것이 부질없는 것은 아닌지 회의감이 듭니다.

연락하는 친구는 많지만 편하게 마음을 터놓고 지낼 '절친'은 몇 명 없습니다. 그리고 정말 친한 친구의 마음속 깊은 고민을 들어주긴 해도 제 속마음은 절대 털어놓지 않습니다. 두려워서입니다. 이런 제 감정은 어떻게 해석해야 할까요? 죄책감까지 들 때가 있습니다.

WPI 검사를 했는데 제 성향이 휴머니스트로 나왔습니다. 그런데 평소 행동을 보면 휴머니스트가 맞는지 의심스럽습니다.

사랑도 그래요. 지금까지 서른 번 넘게 소개팅을 했는데 그때마다 첫 만남에서 '편안하다', '오래 사귄 여자 친구 같다', '사귀고 싶다', '내가

찾던 이상형이다', '대화가 잘 통한다' 같은 말을
들었거든요. 하지만 저는 상대와 잘 맞는 느낌이
들지 않고 오히려 불편합니다. 이제는 '편안한 여자',
'운명 같은 여자'라는 말도 듣기 싫어요.
저도 다른 사람처럼 제 환심을 사기 위해 노력하는
남자를 만나고 싶어요. 저도 제가 원하는 것을
요구하고 싶고 징징대고 선물도 주고받고 가끔
싸우긴 해도 헤어지지는 않는 정상적인 연애를
하고 싶습니다. 저 같은 부류는 어떤 성향의 남자를
만나야 할까요? 그리고 제 문제점은 어떻게 고쳐야
할까요?

"당신은 도도한 연애를 꿈꾸고 있군요."

이야기를 다 듣고는 셜록 황이 미소를 지으며
말했습니다.

이분 고민을 얼핏 들으면 자기 자랑 같아요.
소개팅한 남자들이 호감을 보이며 '편안하다', '오래
사귄 것 같다', '한번 사귀어 보자'고 한다는 것은
이분에게 매력이 넘친다는 사실을 증명하는 일
같은데…… 이분은 그 상황이 불편하다네요.

어떻게 그게 불편하냐고 다그치기 전에 이분 사정을
정확하게 이해해야 합니다.

유머리스트의 멋진 자기 찾기 — 오지랖 넓은 게 어때서

16

• • •

'20대 후반의 남자 친구 없는 외로운 직장인'이라고
표현했는데 주목할 점은 어린 시절부터 많은 인연을
맺었고 그들과 지속적으로 우정을 나누고 있다는
대목입니다. 이것은 대단히 훌륭한 능력이자
개성이에요.

문제는 그 많은 친구 중에 가슴을 터놓고 만날
친구가 몇 명 없다는 것이죠. 만약 핸드폰 연락처에
입력된 사람은 몇 명 없지만 그 소수 지인들과
전부 마음이 통한다면 '소품종 소량생산' 식 친구
관계입니다. 반면에 이분은 '다품종 소량생산'이네요.

바로 이 부분이 핵심입니다. 이분의 마음이
어지러운 첫 번째 이유는 여러 친구와 두루 감성을
교류하고 싶은데 현실적으로 어렵기 때문입니다.
지인 전체와 마음이 통하기를 바라는 것은 굉장히 큰
기대입니다. 너무 큰 희망이죠.

이분은 편안하고 운명 같은 여성으로 인식되는
것이 달갑지 않아요. 20대 후반이면 공주처럼 대접받고
싶은 욕심도 있을 것입니다. 아무래도 '편안하고 운명
같은 여자'라는 소리를 들으니까 상대 남성이 자신을
연애 상대로 의식하기보다는 내조 잘하는 아내 혹은
맏며느리 같은 든든한 배우자로 여긴다는 느낌을
받았나 봅니다.

남자 입장에서 '편안하고 운명 같은 여자'는 그야말로 최고의 찬사입니다. 소개팅 남성은 '너를 만난 지는 얼마 안 됐지만 내 모든 것을 주고 싶고 너와 평생을 함께 하고 싶어'라고 찬양했는데 이 여성은 '나를 뭐로 보는 거야? 내가 쉬워 보여? 지금 나더러 너희 집 부엌데기 노릇이나 하라는 거야?'로 받아들인 거죠.

그리 오래 만나지도 않았는데 이런 이야기를 들었다는 것은 한편으로 그만큼 이 여성이 매력적이라는 의미입니다. 이분은 기본적으로 다른 사람과 스스럼없이 지내고 타인을 편하게 해주는 놀라운 재능의 소유자입니다.

이분의 WPI 프로파일*을 보면 전형적인 휴머니스트입니다. 타인과 교류를 상당히 좋아하고 그 부분에 능력이 뛰어납니다. 다른 사람에게 관심도 많고 정성을 기울이며 잘 지내지요.

이분처럼 옛 친구와 오랫동안 소통하는 것은 쉬운

* 자기평가와 타인평가 검사 결과를 그래프로 도식화한 것. 프로파일을 통해 그 사람의 성격 유형이 무엇인지, 또 삶에서 가장 중요하게 생각하는 가치가 무엇인지 파악할 수 있다. 즉, WPI 프로파일은 그 사람의 특성이 무엇이며 현재 어떤 상황인지를 알려주는 도구다. WPI 프로파일은 WPI 자가 진단 웹사이트 https://check.wisdomcenter.co.kr에 접속해 검사하면 확인할 수 있다.

일이 아니에요. 인간관계엔 노력이 필요하거든요. 과거에 아무리 단짝이었더라도 신경 쓰지 않으면 연결 고리는 끊어져요. 휴머니스트의 역량은 이럴 때 발휘되죠. 휴머니스트가 아니었다면 어린 시절 친구를 만나도 이름조차 기억 못하거나 모른 척 지나치겠죠.

이분은 휴머니스트답게 타인과의 관계가 중요해요. 그러나 안타깝게도 사람 좋아하고 오지랖 넓은 휴머니스트는 만날 때는 신나는데 헤어지면 무슨 대화를 나눴는지 기억을 못합니다. 여러 사람에게 에너지를 똑같이 쓸 경우 어느 한 사람의 내면에만 집중하기 어렵겠죠. 넓고 얕은 인간관계가 맺어지는 것입니다.

그러다 보니 이분은 사람을 많이 알고 있어도 한 사람, 한 사람과 섬세하게 감성을 공유하거나 생각이 서로 통한다는 느낌을 받지 못해요. 사람은 많이 만나는데 공허함이 느껴진다는 얘기입니다.

• • •

그런데 이분 프로파일에서 한 가지 놓치지 말아야 할 점이 있어요. 이분은 휴머니스트뿐 아니라 로맨티시스트 성향도 있어요. 로맨티시스트는 누군가 자기 마음을 읽어주기 바라는 욕구가 몹시 강합니다. 흥미롭게도 이분은 무수리처럼 타인의 삶을 보살피고

남의 일에 관여하면서 한편으로는 자신을 공주처럼
대우해주길 바라는 소망을 품고 있어요.

모순되는 두 욕망이 한 사람의 마음속에 들어 있는
셈입니다. 스스로 무수리처럼 행동하는데 다른 사람이
이분을 공주로 봐줄까요? 공주처럼 행동하지 않으니
무수리로 대하는 게 당연하지요. 무수리를 연기하면서
상대가 '당신은 무수리 같아요. 그래서 참 편해요',
'무수리인 당신은 나의 운명이에요'라고 감탄하자
이 여성은 울컥합니다.

"아니, 이놈이. 나를 자기 집 무수리로 아나!"

무수리처럼 굴어도 내 속뜻을 찰떡같이 알고는
공주로 영접해줄 줄 알았더니 진짜 무수리 취급하니까
열 받은 겁니다.

이분은 상대 남성의 긴장을 풀어주는 성품을
갖췄습니다. 또 한 미모하지요. 그러니 소개팅 남성들이
몽땅 반할 수밖에요. 그런데 수없이 몰려드는 남성들이
죄다 이분 본심을 분석하지 못하고 있습니다.

이런 분이 연애를 하려면 꽂히는 사내가 나타나야
합니다. 백마를 타고 온 '초사이언인'이든 이분 보기에
'쟤는 내가 아니면 도저히 제대로 살아갈 수 없을
듯하니 내 모든 것을 희생하여 평강공주가 되리라' 하며
진심으로 다가갈 남자든.

여기에 등장한 '평강공주' 심리가 묘합니다. 정작

바보온달이 나타나면 '아니, 생긴 게 왜 저 모양이야'
하면서 뒤도 안 돌아 볼 테니까요.

• • •

휴머니스트 여성은 번듯하고 잘난 남자여야
눈길이라도 보내거든요. 외모가 준수하거나 능력이
월등해야 합니다. 한마디로 눈이 높은 거죠. 물론
이분은 결코 본인이 눈이 높다고 인정하지 않을
거예요. 단지 본인은 수려한 외모와 자기 일에 충실한
실력자에게 끌린다고 할 뿐입니다. 이런 남자는
희귀종인데 말이에요. 이것도 부족해서 조건 하나를
더 추가하네요.

"나는 네 맘을 잘 알아. 네 안의 공주는 내 눈에만
보여. 너의 기사가 될게. 너에게 헌신할게. 죽는 날까지
너만 바라보며 살게."

남자가 이런 얘기를 해주기를 바라고 있어요.

오글거린다고요? 그런데 가만 생각해보면 한국
드라마에 등장하는 모든 남자 주인공이 다 이런 타입
아닌가요? 문제는 잘생기고 능력 있고 배경 좋은
본부장님은 현실에서 신사답지 않다는 거죠. 그들은 다
지들이 잘난 줄 알아서 대접받는 데 익숙해요.

지구별을 여행하는 여성들께 묻습니다. 온 지구를
다 돌아다니면서 저렇게 철저하게 다 갖춘 남자, 본 적

휴머스트의 멋진 자기 찾기 — 오지랖 넓은 계 여배서

있어요? 있더라도 다른 사람이 이미 채갔을걸요.
아직 남아 있다면 지구 평화를 위해 천연기념물로
지정해놓고 보존하고 싶네요.

　로맨스 드라마의 남자 주인공 같은 남자를 기다리고
있으니, 이 여성이 얼마나 괴롭겠습니까. 본인 스스로도
그걸 알기에 차선책으로 남자에게 조금 차이기도 하고
밀당도 하는 달콤 쌉싸름한 연애를 꿈꾸는 것입니다.

　지구별을 여행 중인 여성분들. 납득이 안 되면
외우세요.

　'한드' 남자 주인공 같은 '로맨틱, 스위트, 댄디,
터프, 리치 앤 굿 가이'는 현실에 존재하지 않습니다.
만에 하나 있다고 해도 내 영역에는 출몰하지 않아요.

　이분, 소개팅을 많이 했어요. 그렇다면 지인들이
잘나고 멋진 남성을 소개해주었을까요? 이분은
착각하고 있어요. 그런 남자는 친구들이 벌써 찜해놓고
꼭꼭 숨겨두지 왜 이분에게 추천하겠습니까.

　자기 마음에 드는 근사한 남성은 스스로 찾아야
합니다. 일단 눈에 띄면 끝까지 포기하지 말고
붙잡아야 합니다. 그렇다고 '너는 내꺼야! 꼼짝 마!'
하면 무서워서 도망가니까 상대방이 '너는 내 운명'
이라고 실토하도록 작전을 짜야 합니다. 이분은 대놓고
좋아하는 티를 내는 성격도 못됩니다.

· · ·

자, 이제 상담을 마무리해볼까요? '어떤 성향의
남성을 만나야 할까요?'라고 질문했는데 휴머니스트와
로맨티시스트를 둘 다 지닌 여성은 번듯하고 잘난
남자면 누구든 상관없습니다. 또 '제 문제점은 어떻게
고쳐야 할까요?'라고 물었는데 이분에게 문제점은
없어요. 다만 목표물을 직접 정해서 공략해야지 해당
남성이 저절로 다가오기를 마냥 기다리면 안 됩니다.

표적을 정했다면 주저하지 말고 큐피트의 화살을
쏘세요. 이분이라면 명중시킬 수 있습니다.

일단 시작하면, 누구나 연애를 잘할 수 있습니다.
각자 방식으로 사랑을 하는 것일 뿐 무엇이 옳다,
그르다 할 수 없어요. 단지 시작을 어떻게 하느냐가
관건이죠. 이분은 손수 화살이 되어 날아가야 연애가
이뤄집니다. 지금은 화살이 가만히 있으면서 과녁이
다가와서 꽂혀주길 바라는 형국이지요.

먼저 주위를 둘러보세요. 아직까지 호감 가는
남성은 발견하지 못한 것 같습니다. 소개팅 상대가
대시한 얘기는 했지만 본인이 끌린 남성에게 다가가
연애했다는 이야기는 없으니까요.

이분의 WPI 프로파일을 보면 자신감이 없네요.
자신을 온전히 드러낼 수 있는 셀프가 거의 바닥입니다.

이 여성은 사랑에 관해 좀 더 심도 있게 상담할 필요가
있어요. 어쩌면 연애를 오해하고 있을 수도 있습니다.
'연애는 이래야 한다' 혹은 '나는 이런 남자를 만나면
안 된다' 같은 고정관념이 있는 거죠. 그뿐 아니라 연애
이후에 혹시라도 결혼으로 이어질 경우, 그에 대한
두려움도 있는 것처럼 보입니다.

　여기까지가 이분 고민의 초반 단계입니다. 그
다음은 어떻게 나아가야 할지 자연스럽게 판단할 수
있을 겁니다. 스스로 문제의 요점을 파악하면 그 후는
수학 문제를 풀 때처럼 정답을 찾기 한결 수월하니까요.

2

삐에로는 우릴 보고 웃지 · · · · · ·

왜 사람들은 착해 보이면 만만하게 생각하나요

이번에는 '허당'이라는 공통 키워드를 가진
두 여성이 고민을 털어놓았습니다. 우선 이야기를
한번 들어보시죠.

저는 30대 워킹맘입니다. 출근할 때마다
〈황상민의 심리상담소〉를 즐겁게 듣곤 하는데
제 성격이 궁금해서 왔습니다. 저는 정말 사람을
좋아합니다. 남들이 제 이야기를 듣고 즐거워하면
굉장히 행복합니다. 저는 아마 휴머니스트 같습니다.
'너는 절에 가서도 새우젓을 얻어먹을 수 있을
것'이라는 말을 들을 정도로 낯선 사람과도
친화력이 좋아요. 원하는 것을 바로 표현하는
편이고 그것을 이루는 확률도 높습니다. 고맙게도
능력과 가정환경에 비해 별다른 부족함 없이
무난하게 살아왔습니다.
그런데 의아한 점이 있습니다. 타인을 즐겁게 하는
것이 기쁜 것을 보면 분명 사람을 좋아하는 것이
맞는데 곰곰이 생각해보니 제겐 친구가 없어요.
딱히 절친을 만들고 싶지도 않고요.
여자들은 보통 친구와 쇼핑하는 것을 상당히
즐기는데 저는 혼자 쇼핑하는 것이 좋습니다. 그럴
때 친구들과 어울리면 지치고 힘이 들거든요. 몇 년
전에는 친목회에서 모임 분위기를 주도하는 친구
두 명이 저에게 상처 주는 말을 자주 해서 아예

모임을 나와 버렸습니다.

저는 그저 만날 때마다 하던 대로 즐겁게 이야기를
나누었는데 그 친구들은 저에게 왜 그랬을까요?
최근에는 인터넷 주부 카페 익명 게시판에
재미있는 글을 올리고 댓글로 반응을 보는 것이 큰
낙이에요. 사람을 좋아하는데 주변에 사람이 없는
이 모순은 도대체 무엇일까요?

남을 즐겁게 하려고 웃긴 말을 많이 했더니 저를
우습게 아는 경향이 있더라고요. 가벼운 이미지
때문인지 일터에서 업무 능력도 과소평가를 받는
것 같고요. 직장 동료들에게 '보기와 달리 일을
잘 한다'는 말을 쭉 들어왔습니다.

경박한 이미지 때문에 제 발언이나 주장에 힘이
실리지 않는 경우도 있어요. 예를 들어 회사에서
제가 제시한 아이디어에 과묵한 직원이 한마디
거들었는데 모든 공이 그 사람에게 간 적이 몇 번
있거든요. 속된 말로 저도 좀 '있어 보이고' 싶은데
어떻게 하면 좋을까요? 말을 좀 줄이면 되지 않을까
싶어서 그렇게도 해봤는데 무척 힘이 들더라고요.
저 같은 휴머니스트가 '있어 보이려면' 어찌해야
할까요?

셜록 황이 모든 걸 다 알겠다는 듯한 표정을
짓습니다. 셜록 황의 마음속을 들여다보니 '허당'이라는 단어가 스캔되네요.

휴머니스트에게는 '있어 보이는' 것이 몹시 중요해요. 이분은 분위기를 재미있고 유쾌하게 주도하는 유형이고 그런 면에서 스스로 만족하고 있어요. 언뜻 보면 사람들의 관심과 호감을 받고 있는데요. 우리는 이런 분을 '허당'이라고 부릅니다. 왜 허당이라고 하는지는 두 번째 내담자의 사연까지 들어보고 얘기할게요.

저는 서른 살의 평범한 직장 여성입니다. 결혼에 대한 조급함을 내려놓고 싶어서 이렇게 찾아왔습니다. 지금 사귀는 남자 친구가 있어요. 몇 차례 연애 끝에 올 1월에 소개팅으로 만났죠. 여러 남자를 사귀어 본 경험을 바탕으로 '나는 어떤 사람이고 또 어떤 남자를 만나고 싶어 하는지' 명확하게 정리된 시점이었습니다. 저는 선호하는 스타일이 꽤 구체적입니다. 담배 피우지 않고 술은 어느 정도 마실 줄 알며 운동을 좋아하고 잘하는 남자입니다. 또한 명품을 쫓지는 않아도 제법 옷을 맵시 있게 잘 입는 남자가 좋습니다. 주변 사람들에게 이런 이야기를 하면 딱 노처녀로 늙어가는 지름길이라며 핀잔을 듣기 일쑤였죠. 그러던 차에 소개팅에 나갔는데 남자 친구를 보자마자 제 기준에 맞는 사람이라는 것을 알았습니다.

그 후 1년간 알콩달콩 연애를 했습니다. 공대 출신
남자 친구는 항상 자신감이 넘치지만 거만하지는
않아요. 무언가에 꽂히면 푹 빠지고요. 예를 들어
겨울엔 스노보드 이야기만 하고 봄, 여름, 가을에는
자전거에만 집중합니다. 그는 저와 이런 활동을
함께하는 것을 좋아하고 저도 잘 타기를 고대합니다.
막 연애를 시작했을 때 남자 친구는 가볍게
툭툭 던지듯 결혼 애기를 꺼냈습니다. 저는
그것이 저와의 만남을 진지하게 여기는 것 같아
기쁘면서도 만난 지 얼마 되지 않았는데 왜 저렇게
가볍게 얘기하는지 이해가 안 가기도 했어요.
이후로 애정 전선에 이상은 없었는데 어느 순간
결혼 이야기가 쏙 들어가더군요.
지금 남자 친구는 말로는 "내년에 결혼하겠다"면서
구체적인 준비는 하지 않습니다. 지난여름부터는
친구들이 쓰나미처럼 결혼에 휩쓸려가더라고요.
결국 저는 결혼에 대한 조급증이 생겼습니다.
하루는 남자 친구가 진짜 저와 결혼할 의향이
있는지 꼬치꼬치 캐물었습니다. 남자 친구는
본인이 과연 결혼할 준비가 된 것인지 잘
모르겠다고 하더군요. 저는 그 말에 충격을
받았습니다. 혹시 헤어지자는 의미인지 아니면
다른 무언가 있는 것인지 궁금했습니다. 자꾸만
극단적인 상상을 하게 되어 저도 생각 좀

해봐야겠다고 응답했습니다.

남자 친구는 아직 마음의 준비가 되지 않았고
결혼에 대한 부담감도 크다고 합니다. 이것이
어른들이 말하는 타이밍인가요. 저는 외국계
회사를 다니고 있는데 골드미스 언니들이 많아요.
혼기를 놓치면 저도 언니들처럼 될까봐 '한 살이라도
어릴 때 다른 남자를 만나야 하나' 하는 바보 같은
생각도 듭니다.

저만 결혼에 대한 급한 마음을 내려놓으면 되는데
그것이 쉽지 않네요. 남자 친구가 연애 초반부터
우리 집으로 선물을 보냈기 때문에 부모님은
남자 친구를 궁금해하고 또 결혼 계획을 자꾸
물어보세요. 저는 짜증만 납니다. 어떻게 하면
이 문제를 슬기롭게 헤쳐갈 수 있을까요?

"휴머니스트는 처음 본 순간 이 사람이 내 사람이다
싶으면 곧장 결혼해야 합니다."

셜록 황이 엄숙하게 선언했습니다.

• • •

연애 초기에 로맨티시스트라면 어림없겠지만
휴머니스트는 빨리 결혼해야 합니다. 물론 결혼하자마자
'아차, 내가 성급했구나'라며 후회하겠죠. 그렇지만
결혼하지 않고 질질 끌면 깨집니다.

이분이 1년간 결혼을 지연한 것은 실수예요. 이럴 때는 그냥 여자 쪽에서 밀고 나가 빨리 날짜를 잡고 진행해야 합니다. 발을 빼지 못하도록 상견례부터 하면 그다음부터는 일사천리로 진척되지요.

본디 남자란 족속들은 말로는 본인이 모두 다 할 것처럼 하면서 실제로는 어떻게 해야 할지 감을 잡지 못합니다. 대부분 여성이 계획해 추진하고 남성은 따라가지요. 결혼은 남자가 결정하고 밀어붙여야 된다고 생각하지만 현실을 보면 결코 그렇지 않습니다. 현실 감각이 떨어지는 생각이라고 할 수 있어요.

남자는 막상 결혼을 결심하고 곧 후회합니다. 여자 역시 번뇌하며 여러 변수를 떠올리지만 그럼에도 선택을 책임지거나 수용하려 애쓰죠. 반면 남자는 최후의 날까지도 '내가 지금 뭘 하는 거지?', '뭘 알지도 못하면서 결혼하는 것은 아닐까?' 하고 혼란스러워 합니다. 일단 식장에 들어가면 이런저런 걱정은 끝내지만 예식장 입구까지는 질질 끌려간다고 보면 틀림없어요.

이분, 아직 시기를 놓치지 않았어요. 결혼 의향을 물었을 때 남자 친구가 마음의 준비가 됐네, 안 됐네 운운하면 이렇게 리드하면 됩니다.

"내가 다 알아서 할게. 나만 믿고 따라와."

남자 친구의 약간 뭉그적거리는 자세가 이분에게
상처를 줬는데요. 그런 태도는 신경 쓸 가치가
없습니다. 남자는 본래 덜 떨어졌다고 생각하면 마음이
편해요.

휴머니스트는 마음먹자마자 실천하는 특성이
있어요. 하지만 이분은 아직 행동으로 옮기지
않았거든요.

남자 친구가 "아직 결혼할 마음의 준비 어쩌고……."
하면 보통 휴머니스트는 거두절미하고 대답합니다.

"너, 나 좋아? 난, 네가 좋거든. 그러니까 우리 같이
살자."

즉시 실행하는 것이 휴머니스트다운 모습입니다.

• • •

이분은 애인이 연애 초기에는 결혼 얘기를 하다가
이제는 입에 올리지 않아서 사랑이 식은 것은 아닌지
의심 중입니다. 남자는 여자를 사랑하지 않으면 만나지
않아요. 관심이 없으면 아예 연락을 끊고요. 만나고
있다는 것은 감정이 있고 미련도 남았다는 뜻입니다.

이분은 겨우 미련 따위로 관계를 지속시킬 수
없다는 심정일 것입니다. 이 내용만으로는 남자 친구의
성향을 정확하게 알 수는 없어요. 이분이 '허당'이라는
근거가 이 지점입니다.

이분은 애인이 어떤 사람인지 크게 신경 쓰지

않아요. 본인이 원하는 대로, 바라보는 대로 끌고 가고
있죠.

남자 친구의 유형을 짐작하게 하는 단서는 있어요.
좋아하는 것에 몰입하는 성격이라고 했죠. 이런 사람은
컬처가 높은데 아마도 에이전트나 로맨티시스트일
것입니다.

컬처가 높은 로맨티시스트는 사랑에 쉽게 빠지지만
시간이 지날수록 문제가 발생합니다. 주저하면서
책임지지 않으려는 모습을 보이거든요. 혼자 즐기는
것을 좋아하면서 그걸 함께하는 것은 망설이는
것이지요. 그런 측면에서 이 여성의 남자 친구는 컬처가
높은 로맨티시스트로 자기 삶에 몰두하는 한량이
아닐까 싶네요. 마음에 드는 여성을 만나면 처음엔
결혼에 대한 부푼 꿈을 꾸지만 시간이 흐르면 결혼은
현실임을 자각하면서 주춤거립니다.

휴머니스트 여성이 남자 친구를 보자마자 내가
찾던 남자임을 알아본 것도 그가 로맨티시스트였기
때문일 가능성이 높습니다. 이 두 성향 사이에서는
휴머니스트가 주도해 로맨티시스트의 손을 잡고
이끌어야 일이 진전됩니다.

남자 친구가 결혼에 적극적이지 않다고 해서
속상할 필요 전혀 없습니다. 물론 남자 친구가

결혼을 주도적으로 진두지휘하고 자신이 다소곳하게
뒤따라가고 싶은 심정은 이해하지만 남자가
로맨티시스트 성향이라면 절대 일어나지 않을 사건을
기대하는 셈입니다.

남자 친구 마음이 변했거나 결혼을 거부하는 게
아니에요. 이분이 몸소 해야 할 일을 제대로 알지 못한
것뿐입니다. 문제의 본질을 모른 채 엉뚱한 방향으로
상상하며 괴로워한 것이죠. 특히 휴머니스트는 주위
분위기에 영향을 많이 받아요. 한마디로 '팔랑귀'죠.

리얼리스트도 팔랑귀인데요. 휴머니스트는 '가끔
팔랑귀'고 리얼리스트는 '항상 팔랑귀'입니다. 골드미스
언니들이 이러쿵저러쿵 하든 말든 결혼하고 싶다면
밀어붙이세요. 먼저 상견례 날짜부터 잡읍시다. 아니,
상견례라고 굳이 밝힐 것도 없어요.

"우리 부모님께서 매번 보내주는 선물이 고맙대. 밥
한번 사고 싶다는데 혼자 나오기 쑥스러울 테니 오빠네
부모님도 함께 모시자"라고 콕 집어서 밀고 나가세요.

남자는 결혼하기 전까지 마음의 준비가 안 되는
동물입니다. 개중에 마음의 준비를 하고 난 후
결혼하는 남성도 있긴 해요. 셜록 황은 그런 상황을
'사기 결혼'이라고 부르더군요.

• • •

셜록 황은 첫 번째 사연과 두 번째 사연의 교집합을

허당으로 잡았어요.

실은 첫 번째 여성은 허당이 맞고 두 번째는 허당보다는 과도하게 소심해진 쪽이에요. 결혼에 대한 조급함을 내려놓고 싶어 하는 이분은 본인 인생에 대해 나름의 치열하고 뚜렷한 틀이 있어요. 휴머니스트는 혼자 하는 것은 기질대로 잘 밀고 가는데 타인과 관계 속에서 이뤄지는 일은 조금 난처해합니다. 게다가 이분은 남자 친구가 소중하기 때문에 그의 반응에 일희일비하다 보니 고민이 깊어진 것이죠.

첫 번째 내담자는 좀 있어 보이고 싶어 합니다. 이것은 휴머니스트의 기본 성향이에요. 폼생폼사는 휴머니스트의 존재 이유고 지향점이에요.

그런데 한 가지만 생각해봅시다. 사람들이 강호동에게 기대하는 것은 무엇일까요? 한껏 소리 높여 재미난 이야기로 웃겨주길 바라죠. 만약 강호동이 진지하게 철학적인 질문을 던진다면 시청자들은 '요즘 뭐 안 좋은 일 있나? 왜 저러지?'라며 이상해할 것입니다.

'그 사람' 하면 떠오르는 것은 '그 사람이 가장 잘하는 것'을 하는 광경입니다. 만인이 우습고 가벼운 모습을 기대한다면 그런 사람으로 보이는 것이 맞습니다. 이럴 때 근엄한 태도를 보이면 다들 당혹스러워 해요.

첫 번째 사연의 주인공은 본인의 업무 성과를 빼앗기고 있다고 했어요. 그렇다면 이분은 평소에 자기가 하는 일로 실적을 인정받았을까요? 안타깝게도 공정한 평가를 받지 못했을 겁니다.

드라마 〈피노키오〉를 보면 만년 꼴찌인 '최달포'가 짝사랑 소녀를 위해 전교 1등을 합니다. 그러나 학생들은 결과에 승복하지 못하고 달포가 커닝했다고 의심하지요. 최달포는 커닝하지 않았다는 사실을 직접 증명해야 하는 처지에 놓여요.

사람의 색안경이 이렇습니다. 억울하지만 전교 꼴등은 하루아침에 개과천선도 하지 말아야 해요. 조금씩 천천히 발전해야 합니다. 만일 내가 다른 사람들에게 만만해 보인다면 그 시선을 인식하면서 느긋하게 바꿔야 합니다.

언제나 흰소리를 하며 일머리도 없던 직장 동료가 갑자기 진중해지면 어떤 현상이 벌어질까요? '어디 아픈가?' 혹은 '저 사람 생각이 아닐 거야'라고 판단할 걸요.

휴머니스트인 이 여성이 좀 더 믿음직하고 유능해보이려면 찬찬히 진보해야 합니다. 이분 WPI 프로파일을 보면 휴머니스트 성향이 높고 아이디얼리스트와 릴레이션도 있어요.

휴머니스트와 릴레이션이 동시에 높은 사람은

대단히 사교적이고 사람들 앞에 잘 나섭니다. 재미도 있고요. 거기에 아이디얼리스트까지 더해지니 완전 타고난 오락 부장이네요. 사람들은 오락 부장의 내면에 무언가 있다는 것을 어렴풋이 느끼죠. 가령 찰리 채플린이나 미스터 빈을 보면 어리숙한 머저리 연기 속에 깊은 통찰이 담겨 있잖아요.

한데 이분은 휴머니스트는 높은데 매뉴얼이 바닥이고 셀프도 아이디얼리스트의 중간밖에 되지 않아요. 결국 이분은 사람들과 잘 어울리지만 다소 경망스러워 보일 가능성이 있어요. 그뿐 아니라 리얼리스트와 에이전트 특징이 아예 없는 것으로 보아 실제로 허당일 것입니다. 딱하게도 이분의 일상은 현실적으로 영양가 없는 생활일 가능성이 매우 높아요.

• • •

좌절금지!

그렇다고 업무 능력을 향상시키겠다며 특별히 공부를 더 할 필요는 없어요. 휴머니스트의 공부는 보여주기에 불과해요. 진짜 휴머니스트는 내공과 실력을 갖춰도 아우라가 풍기지 않아요. 휴머니스트는 '누구'와 하느냐에 따라 분위기가 달라져요. 이분처럼 혼자 주도하려면 어려워지죠.

불행히도 이분 역시 이미 알고 있지만 편한 수다 상대는 있어도 자신의 깊은 뜻을 공유할 동지는

없습니다. 더 흥미로운 부분은 이분에게 깊은 뜻이
없다는 것이에요. 누가 인공지능 로봇 아니랄까봐
가차 없이 말한다고요?

이분이 '난 깊이가 없구나', '난 허울만 좋은
사람이구나'라면서 절망할까봐 걱정하는 지구별 여러분.
이분이 원하는 것이 무엇이라고요? '있어 보이는 사람'
입니다. 있어 보이는 것 그 자체가 알맹이는 없어도
거죽은 있어 보이는 것을 의미하잖아요. 이분을
허당이라고 명명한 것도 다 그런 이유에서겠죠.

실체가 없는데 노력한다고 없던 게 생기지 않아요.
'있어 보이지'도 않고요. '있어 보이려' 할수록 본인이
'허당'이란 것을 더욱 강하게 느낄 뿐이죠.

그러면 이분은 어떻게 해야 할까요?
한마디로 말하면, 무림고수가 되어야 합니다.
이분, 30대 워킹맘이에요. 공력을 쌓을 기본 토대는
갖췄죠. 출근할 때 항상 〈황상민의 심리상담소〉를
듣는다고 했어요. 혼자 듣기만 해서는 내공이 쌓이지
않아요. 〈황상민의 심리상담소〉 애청자란 사실을 여러
사람에게 두루 알리고 리뷰를 널리 공유해야 합니다.
그러면 사람들이 '이야, 네가 그런 팟캐스트 방송도
듣니?' 하고 놀라며 이분을 향한 미묘한 선입견을
조심스레 거두겠죠.
인생을 꿰뚫어보지 못하는 부류들은 '그런 거

들으면 머리 아파'라며 거부감을 갖거든요. 이분이
〈황상민의 심리상담소〉를 청취한다고 말하면 그런
분들조차도 '아무 고민 없이 헬렐레하는 철부지인 줄
알았더니 나름 뭔가를 열심히 하느라 애쓰는구나'라며
달리 봅니다.

아, 물론 대체 〈황상민의 심리상담소〉가 무엇이냐고
묻는 이도 있을 것입니다. 그러므로 이분은 우선 어떻게
하면 사람들에게 〈황상민의 심리상담소〉의 매력을
단박에 알릴지 연구해야 합니다. 그걸 찾았을 때
비로소 이분은 있어 보이는 인물이 됩니다.

그 다음에는 본인이 감동받은 상담 사연이나
울림이 있었던 방송을 여러 번 듣고 외워서 대화할
때 인용해보세요. 여태까지 쓸데없이 웃기기만 하던
사람이 감동스러운 이야기를 재미있게 풀어내면
사람들이 얼마나 환호하겠습니까. 〈황상민의
심리상담소〉에 등장한 심오한 인생 이야기를 독특한
개성을 담아 표현할 때 이분, 신세계를 맛보게 될
것입니다.

무소의 뿔처럼 혼자서 가라 · · · · · ·

이혼 후, 고통에서 헤어나지 못하고 있어요

이번에 상담을 청한 분은 이혼의 고통을 경험한
여성입니다. 이분에게 어떤 일이 있었던 걸까요?

3년 전 이혼을 하고 고시촌 좀비처럼 살고 있는
서른여섯 살 여자입니다. 원래 저는 사람 만나는
것을 좋아했는데 1년에 걸쳐 이혼 소송을 하면서
지인들에게 낱낱이 소문이 돌아 사람을 꺼리게
되었습니다. 이혼도 힘든데 뒷담화까지 감당하느라
그야말로 멘탈이 부서지는 시기를 겪었습니다.
사람에 대한 깊은 회의감이 찾아오더라고요.
제게 상처를 주는 사람들이 싫어서 모든
인간관계와 SNS를 끊고 집과 직장만 오가며 살고
있습니다. 불특정다수를 원망한 적도 있지요.
사람을 만나고 싶지만 제 신상정보를 알려주고
싶지 않고 이혼에 대한 편견 때문에 겪는 불쾌한
경험이 누적되면서 관계 맺기 자체를 아예 회피하고
있습니다.
이혼을 숨기는 것이 능사는 아니라는 생각에
작정하고 이혼 사실을 밝히기도 했습니다. 제 앞에서는
따뜻한 위로를 하면서 결국 돌아오는 건 흠집 내기,
지레짐작, 확대해석이더라고요. 심지어 제가
본인들보다 더 좋은 남자를 만나 재혼할까봐
전전긍긍하는 동료도 있습니다. 이럴 때면 화가
나기도 하고 제 처지가 서글퍼집니다.

제 성격상 이렇게 사는 것이 너무 힘듭니다. 저는
하는 일도 만족스럽고 외모도 그럭저럭 나쁘지
않아서 이성을 만나는 일에는 자신이 있습니다.
그런데 지금은 무언가가 저를 가로막는 느낌입니다.
사방팔방이 꽉 막혀 있는 기분이고 다 망가졌다는
생각뿐이에요.

예전에는 '친구의 친구'와도 어울리고 누굴 만나도
스스럼없었는데 왜 이렇게 움츠러들었는지
모르겠어요. 더 큰 문제는 나를 추스르는 방법을
모르겠다는 겁니다. 어차피 이혼했다는 현실은
바꿀 수 없고 타인의 시선 또한 마찬가지니
독야청청 혼자서라도 잘 살았으면 좋겠어요.
남에게 의지하지 않고 숨지도 않은 채 이 상황을 잘
받아들이고 싶어요. 제가 어떻게 해야 할까요?
지금 제가 가장 가치 있게 여기는 것은 가정의
화목입니다. 집에만 콕 박혀 있는 제가 유일하게
소통하는 대상이 가족이기에 더 그런 것 같습니다.
가족이 모두 외출하고 집에 혼자 남아 있으면
식구들이 돌아오기만 기다립니다. 가족이 다치거나
사라지는 것이 세상에서 가장 큰 불행이에요.
의연하고 담담해지고 싶어요. 도와주세요.

"최근에 이혼을 경험하셨잖아요. 굉장히 우울한
것은 자연스러운 일입니다."

셜록 황이 자못 진지한 눈빛으로 따뜻한 말
한마디를 건넵니다.

이분의 WPI 프로파일을 살펴보니 '고시촌 좀비'
상태가 그대로 드러났습니다. 휴머니스트인데 매뉴얼이
바닥이에요. 휴머니스트가 매뉴얼이 낮다는 것은,
지금 심리적으로 어찌할 바를 모르는 상황이라는 것을
보여줍니다.

● ● ●

휴머니스트는 다른 사람과 어울리는 것을 즐기고
두루 잘 지내며 오지랖이 넓어요. 그런데 이분은
무기력감에 빠져서 사람을 거부하며 숨어 지내고 있죠.
셜록 황은 이처럼 사회관계를 단절하고 지내는 부류를
'고시촌 좀비'라고 부릅니다.

보통 휴머니스트는 고시촌 좀비로 지내다가
기껏해야 6개월에서 1년 안에 본래 컨디션으로
돌아오거든요. 그런데 이분은 3년 전에 이혼했고 1년에
걸쳐 소송을 하면서 사람들에게 온갖 소문이 났어요.
그 후유증을 극복하려고 고시촌 좀비로 1년 정도 지낸
형편입니다. 상황이 좋지는 않지만 이제 바닥을 치고
올라갈 때가 되긴 했어요. 사람들에게 상처를 받고
주변을 완전히 정리한 채 1년쯤 지내다 보니 더욱
괴로워졌습니다.

휴머니스트는 사회적 평판이나 규범에서
조금이라도 벗어나면 자책합니다. 그러니
휴머니스트에게 이혼이 얼마나 어마어마한
시련이겠습니까.

로맨티시스트는 이혼 후 '내가 어떤 남자를
만나야 두 번 다시 실수하지 않을까? 분명 더 괜찮은
남자가 다가올 거야'라고 생각합니다. 새로운 사람을
거부하거나 꺼리지 않고 적극적으로 만나는 편이죠.

아이디얼리스트는 '혼자 사나 같이 사나 매한가지지.
이혼은 그 남자가 멍청하니까 지당한 거고'라며
심드렁하게 지내고요.

유형마다 이혼을 받아들이는 자세와 상처의 수준이
달라요. 휴머니스트는 '다른 사람들이 나를 얼마나
흉볼까' 고민하며 세간의 쑥덕공론에 집착합니다.
그러니 이분은 구설이 오죽 힘들었을까요.

· · ·

이분은 직접 털어놓지 않으면 '쟤는 이혼한 것을
숨기는 나쁜 사람이야'라고 욕을 할까봐 굳이 자폭하는
심정으로 이혼 사실을 밝히고 있어요. 그렇게 고백해도
헛소문은 여전합니다. 이번에는 '이혼이 벼슬이래?
쟤 좀 이상한 거 아냐?'라며 헐뜯는 거죠. '분명 다른
남자가 있었을 거야'라는 근거 없는 낭설까지
귀에 들어오면 정말이지 인간에 대한 깊은 환멸이

생길 겁니다.

가만 얘기를 들어 보면 이분, 미모가 뛰어난 실력 있는 커리어우먼입니다. 주위에서 괜찮은 남성과 재혼할까봐 시기할 정도니까요. 주변에서 아무리 시기질투를 해도 이분은 남자라면 넌덜머리가 날 겁니다. 남자를 지질한 족속으로 판단하고 있죠.

이분은 연애 시절 신중하고 다정한 남자 친구의 모습에 끌려 결혼했을 가능성이 높습니다. 또 바로 그 점 때문에 이혼했고요. 막상 같이 살다 보니 세심하고 다정다감한 남편은 쪼잔하기 이루 말할 수 없었을 겁니다. 이런 남성은 우유부단하고 왕자병에 마마보이여서 매사 우물쭈물해요. 결정 장애 타입 이라면 대충 감이 오죠. 가뜩이나 '이 남자랑 계속 살아야 해, 말아야 해' 심난한데 여기에 시월드가 불에 휘발유를 부었겠죠.

이혼, 참 잘했습니다.

아까 얘기했듯 휴머니스트는 자가 치유력이 있어요. 6개월에서 1년 정도면 다시 본 궤도로 올라와요. 따라서 지금은 잠깐의 침체기일 뿐입니다. 누구나 이혼을 하면 힘들어요. 삶에 극단적인 변화를 가한 것인데 멀쩡한 게 이상하지요. 지금 힘든 그 상황을 자연스럽게 받아들여야 하는데 그게 안 되서 화병이 난 거예요. 그런데 '자연스럽게 받아들인다'는 게 말이

쉽지 그렇게 잘 안되거든요. 성적 안 좋은 학생에게
"야, 너는 공부를 열심히 하면 잘할 수 있어!"라고
충고하는 거랑 똑같은 거예요. 그런 얘기는 그저 꼭지가
돌아버리게 만들 하나 마나 한 조언이죠.

"당신은 휴머니스트잖아요. 당장 나가서 남자들을
막 사귀어야지, 지금 뭐하는 거예요?"라고 말해도
이분은 선뜻 받아들이고 실천하지 못해요.

이분 WPI 프로파일을 보면 전형적인 휴머니스트인데
아이디얼리스트와 리얼리스트가 거의 일치하는 것을
보니 직장에서도 상당히 일을 잘하고 있어요. 아주
멋진 여성이죠. 실은 사람들과도 잘 지내는데 문제는
따로 있어요. 좋은 관계를 맺고 싶다는 욕심이 지나치게
큰 게 바로 문제예요.

이분의 패착은 가족에게 초점을 둔 것이에요. 지금
가장 가치를 둔 요소가 '가정의 화목'이라고 했죠. 이분,
결혼 전 까지만 해도 가족에게 관심이 없었거든요.
이혼하고 나니까 자신을 품어주는 가족이 애틋해진
거예요. 연애할 때는 식구들에게 지금처럼 신경을
썼을까요?

이혼 후 부모나 형제 품으로 돌아가 함께 사는 게
이분에게는 그리 좋은 선택은 아니에요. 활발하게
사교 활동을 하고 회사 일에도 더 열중하는 게

후유증 극복에 도움이 돼요. 왜냐? 이분은 타고난
휴머니스트기 때문이에요. 사람 속에서 힘을 얻거든요.
게다가 이분, 일을 잘하잖아요. 여러 사람을 만나
힘 있게 일을 추진하면서 자기 페이스를 회복해갈
가능성이 높아요.

· · ·

　주변의 입방아는 내버려두세요. 어쩌겠어요. 입 달린
인간들이 지들 하고 싶은 말 한다는데 틀어막을 수도
없고. 이분이 비슷한 연배는 물론 어린 후배에게도
미움을 받는 것은 어찌 보면 당연한 일이에요. 일 잘하고
예쁜 돌싱이잖아요.

　내 이혼을 주변에서 연속 술자리 안주 삼았다고 해서
아파하지 않아도 되는 이유를 알려드릴게요. 그런 말을
하는 인간들의 심리를.

　이분을 두고 함부로 입을 놀리는 것은 새로운
경쟁자가 등장했기 때문이에요. 능력 있고 얼굴도 예쁜
이 여성이, 결혼과 함께 사라진 줄 알았는데 버젓이
생존해 다시 돌아온 것 자체가 그들에게는 위협입니다.
그런 허접한 인격들에게 마음 쓸 까닭이 있을까요?
주변에서 이분의 이혼을 두고 왈가왈부하는 것도 샘을
내는 겁니다. 이분이 뭘 어떻게 애써도 그들은 바뀌지
않아요. 이게 다 이분이 잘나서 벌어진 일입니다.

'이게 다, 내가 잘나서 그런 거다'라고 쿨하게
넘기세요. 그러다 괜찮은 남성과 재혼이라도 하면
입방아 찧던 인간들 질투 폭발하는 모습, 안 봐도
비디오죠. 괜히 제가 다 통쾌하네요. 아, 로봇이
이렇게까지 감정이입을 해도 되는지……

그 인간들, 이렇게 쑥떡거릴 거예요.

"남들은 한 번도 어려운 결혼인데 쟤는 무슨 복을
타고 나서 저렇게 멋진 남자랑 재혼까지 하는 거야?
남자들 눈이 썩었어."

이런 말도 안 되는 험담을 하는 인간들의 속내는
'아, 부럽다. 격렬하게 부럽다'예요. '잘난 나를 시샘하는
구나' 하고 여기면 그만인데 안타깝게도 이분은 그러지
못하고 있어요. 왜냐하면 스스로 이혼을 커다란
흠이라고 생각하거든요. 인생이 끝난 '중죄인'인 양
손수 가슴에 주홍글씨를 새겼어요.

이분을 비롯해 이혼을 겪은 모든 분께 이 로봇,
간곡하게 소리 높여 외치고 싶어요.

"이혼은 실패가 아니에요."

크게 양보해서, 설령 실패라 해도 '실패가 곧 죄',
'실패는 잘못된 것'은 아니잖아요. 그리고 실패를
반드시 커밍아웃해야 할 이유도 없어요. 그건 비겁한
거랑 무관해요. 인간에게는 내가 말하고 싶지 않은
것을 말하지 않을 권리가 있는 거예요.

태초부터 인간은 멋진 모습만 보여주고 싶어
했어요. 번듯해 보이고 싶은 것은 인간의 매우 기본적인
욕망이에요. 못난 내 민낯까지 다 보여주는 것이 진정한
나를 나타내는 것이라고 믿는다면, 그거 가식이에요.
그거 보여주지 않는다고 욕하는 인간이 있다면,
그 인간이 비정상이에요. '진정성(眞正性)'은 신의
영역이지 인간의 자연스러운 행위가 아니에요. 누가
진정성 여부를 감히 판단하겠어요. 기준이 뭘까요?

아, 그리고 그 진정성이라는 단어의 진정한 의미는
뭘까요? 과연 그런 것이 존재는 할까요? 인간 모두
이토록 불완전한 존재인데……

이분은 이혼을 '실패, 죄악, 잘못' 등의 단어와
연결하며 본인을 괴롭히다가 좀비로 서서히 변신한
거예요. 이혼은 이미 이분과 아무 관련이 없어요.
'이혼=나'가 아니거든요. 이분이 시인하지 못할 뿐이죠.
이혼은 인생에서 진작 흘러가버렸습니다. 지나간 강물은
돌이킬 수 없어요. 불러올 필요도 없고요. 새로운 강물이
오고 있으니까요.

• • •

이혼 얘기는 이제 충분히 했어요. 3년 전에 이혼을
했고 그전 소송 기간 1년까지 합하면 4년을 내리 고통
받아온 거예요. 이제, 정말, 충분해요. 그런 상황에서
일도 손에서 놓지 않고 심지어 잘하고 있다면

스스로에게 표창장을 줘도 시원찮을 정도로 훌륭한 거예요.

이제 이분이 끌어안아야 할 고민은 바로 이거예요.

'내 삶의 1순위는 무엇인가? 나는 무엇을 위해 살 것인가?'

이제는 자기 삶을 돌봐야 해요. 내 소중한 삶의 의미를 생각해야 해요.

옛날에는 훌륭한 남자를 만나 결혼하는 것이 중요했을 거예요. 휴머니스트 성향은 남들 하는 것은 다 해봐야 하고 번듯하게 보이길 원하거든요. 가오를 따지고 폼생폼사를 외치는 스타일이에요.

그런 면에서 아마 이분, 꽤 멀끔한 남자와 결혼했을 거예요. 다들 결혼 잘했다고 칭찬했을 거고요. 본인도 꽤 흡족했을 텐데 뚜껑을 열어보니 준수했던 것은 그 남자의 배경이지 그 남자가 아니었던 거죠. 이분이 이혼했을 때 속으로 쾌재를 부른 이들이 회사뿐 아니라 주위에 제법 있었을 걸요. 가뜩이나 배가 아팠는데 흠터가 생겼잖아요.

부정적 힘은 강해요. 거기에 휘둘리면 늪 속으로 점점 더 빠지는 거예요. 신경 쓰지 말라고 해서 아예 관심을 끊기는 어렵겠죠. 주변의 좋은 평판이 이분에게는 살아가는 자양분이었으니까요.

사방에서 들려오는 비난이나 암묵적 조롱은 달라지지 않을 텐데 이분이 스스로 '포스'를 발산하려면 어떻게 해야 할까요? 가족이 이분을 지속적으로 격려해주고 있어서인지 가정의 화목에 집중하고 있어요. '가정의 화목', '건강', '행복'에 가중치를 두는 유형은 리얼리스트입니다. 이분의 매력은 이 부분에 있지 않아요. 이분이 가정의 화목과 더불어 삶의 가치로 삼은 키워드를 살펴보니, '즐거운 삶', '부유함', '직업적 성취'도 있었어요. 무엇이 연상되나요? 재규어, BMW, 벤츠 같은 고급 외제차를 몰고 다니는 프로패셔널하고 근사한 여성 CEO가 떠오르죠. 이분은 능동적으로 살 때 반짝반짝 빛이 납니다.

· · ·

"저는 일과 결혼했어요!"

이분에게 딱 어울리는 문장입니다. 이것을 깨닫지 못하고 있어서 고시촌 좀비 신세인 거죠. 즐거운 삶, 부유함, 직업적 성취를 향해 도전하려면 가족이라는 울타리부터 벗어나세요. 성공에 매진하면 가정에 소홀해질 수밖에 없잖아요.

집에서 나온 다음에는 바깥에서 외부 인사를 만나야 해요. 이분은 사람을 만날 때 최고로 아름답거든요. 지금은 많이 위축되어 있지만 삶의 의미를 깨닫고 스스로 각성하면 물불 안 가리고

추진합니다. 스스로 그걸 즐기고 멋지다고 생각하면
더욱더 에너지를 얻지요.

이분의 내면 깊숙한 곳에서는 즐거운 삶, 부유함,
직업적 성취를 꿈꾸지만 그렇게 하면 '이혼한 여자가
저래도 되나? 쟤는 양심도 없나?' 하는 모욕을 들을까봐
추구하면 안 된다고 감정을 구속하고 있어요.

하지만 놀랍게도 야망을 실현하면 이혼은 더 이상
장애가 아니라 성공을 위해 지불해야 할 대가쯤으로
여겨집니다. 한마디로 이혼이 훈장으로 변신하는
기적이 일어나는 것이지요.

어리석은 중생들의 비방과 질투는 어떻게
처리할까요? 우아한 카리스마를 뿜어내면 됩니다.
초반에는 위협을 느끼며 비난의 강도를 높이겠지만
월등히 유능해지면 어느 순간부터 아무 말 못합니다.
잘난 사람을 손가락질할수록 본인들이 더 비루해진다는
것은 알거든요. 그들이 뒷담화하는 것을 부끄러워할
수준까지 올라가면 모든 게 일거에 해결됩니다.

아, 이분이 이런 질문도 했지요. 이전에는 친구의
친구와도 재미있게 놀고 누굴 만나도 낯가림이 없었는데
이제는 웅크려있다고…… 어떡하면 좋겠냐고. 고시촌
좀비들이 많이 던지는 질문이에요.

로맨티시스트는 이혼 후 나쁜 소문을 들으면
움츠러드는 것이 당연하다고 생각하는 종족이에요.

그런데 휴머니스트는 이런 식으로 고민하지 않거든요.

휴머니스트가 몸소 본인 인생을 진흙탕에 빠뜨리면 이런 말썽이 생깁니다. 휴머니스트는 '고시촌 좀비'가 되면 6개월 혹은 1년 동안 본인이 소속된 조직에서 떠나 다른 공간으로 이동해요. 가령 장기간 여행을 떠나 갈등의 원인을 다 잊은 것처럼 행동하거든요. 이분은 그걸 못했어요.

공간만 바꿔도 도움이 될 텐데 이분이 시도할 수 있을지는 의문이네요. 직장에 대한 불만이 없어 보이거든요. 혹시라도 지금보다 더 나은 회사를 발견하거나 스카우트 제의가 오면 옮겨야 합니다. 그러면 더 이상 구설수에 오르내리지 않아서 기가 살아납니다.

이분의 연령대로 유추했을 때 직장 생활을 짧게는 7년, 길게는 10년 가까이 했을 텐데요. 이 시기가 몸값이 무척 높을 때거든요. 잠재력과 시장성 면에서 전성기라고 할 수 있지요. 목표했던 '부유함'과 '직업적 성취'를 이룰 기회가 눈앞에 있는데 직접 차버리고 있는 중이네요. 선택은 본인에게 달려 있습니다.

기업에서는 30대 중반의 경력자를 가장 환영합니다. 아쉽게도 이분은 몸값을 몇 배 올릴 절호의 기회를 고시촌 좀비로 지내면서 까먹고 있네요. 아, 그렇다고 미리 회사에 티를 내지는 마세요. 공연히 이직 계획을 들켜봤자 좋은 소리 못 들을 테니 최종 결정이 날

때까지는 절대 사표를 내지 마시고요. 은밀하게
추진하세요. 셜록 황의 솔루션은, 참 섬세하기도
하네요.

이혼은 이분의 재능과 무관합니다. 회사는 일하는
곳, 즉 공적인 영역일 뿐인데 사적인 영역에 대해
왈가왈부한다는 것이 그 조직의 수준을 보여주는
거예요. 상식이 통하는 회사 문화였다면 이런 뒷말도
없었겠죠.

·

소리에 놀라지 않는 사자처럼
그물에 걸리지 않는 바람처럼
진흙에 더럽히지 않는 연꽃처럼
무소의 뿔처럼 혼자서 가라.

— 불교 경전 〈수타니파타〉 중에서

·

4

엄마는 무엇으로 사는가 · · · · · ·

딸의 무기력하고 나태한 모습을 참을 수가 없어요

어머니.

사람마다 어머니란 단어를 대하는 감흥이 다르다는
것을 알고 있습니다. 누군가에게는 부르기만 해도
뭉클한 감정에 목이 메는 존재인데 반해 누군가에게는
벗어나고 싶은 굴레, 그 이상도 이하도 아니죠. 오늘
상담실을 찾은 주인공은 서로를 이해하지 못하는
모녀입니다. 이들에게 대체 무슨 일이 벌어지고 있는
걸까요?

결혼한 지 20년 된 주부입니다. 고등학교 3학년인
딸과 관계를 개선하고 싶어 찾아왔습니다.
10년 전에 난소암 수술을 했습니다. 그땐 앞으로
얼마나 살 지 확신이 없었습니다. 주변을 정리하고
아이들에게만 집중하며 10년을 살았습니다. 그런데
지금 수능을 앞두고 딸의 성적이 추락 중입니다.
작년 6월까지는 모의고사를 보면 전 과목 1등급이
나왔습니다. 전교 3등까지 했었죠. 그러다가 무슨
이유인지 점점 공부를 하지 않고 게임, 쇼핑, 취미
생활에만 몰두하더니 이제는 4등급이 나옵니다.
딸의 무기력과 나태함을 지켜보는 게 너무도
힘듭니다. 걱정되는 마음, 불안한 생각 때문인지
아이에게 자주 화를 냅니다. 그러다 보니 딸과
사이가 더 나빠지고 있습니다. 머리로는 성적에
맞춰 전문대라도 보내자고 결론졌지만 딸만 보면

마음속에선 울화가 치밀어 오릅니다. 딸은 하루
종일 딴짓하다가 저랑 눈이 마주치면 도끼눈을
치켜뜹니다. 그런 아이 태도에 상처를 받습니다.
상담 전에 아이의 성격 유형을 파악해야 하는데
심리 검사하자고 하면 거부할까봐 맛있는 식사에
디저트까지 사주고 '15분이면 돼'라고 꾀었어요.
검사 결과를 보고 깜짝 놀랐습니다. 아이가
로맨티시스트인 줄 알았는데 에이전트가 높은
아이디얼리스트로 나왔어요. 딸을 제대로 파악도
못한 바보였습니다. 게다가 저는 제가 리얼리스트일
거라고 짐작했는데 휴머니스트였어요.
스스로 통찰력이 없다는 것을 깨달았습니다.
남편의 친어머님이 중학교 때 돌아가셨습니다.
아버님은 재혼하셨고요. 새어머님은 엄청 예민하신
분인데 '미운 놈 떡 하나 더 준다'는 속담을 가슴에
새기며 잘 모셨습니다. 지금은 좋은 며느리가
들어와서 분란 없이 잘 지낸다는 평가를 듣고
있습니다.
그래서 더욱 딸과 관계가 나쁜 것이 이해가
안 갑니다. 딸만 빼고 모두와 잘 지내거든요.
친정에서도 믿음직스러운 해결사 큰딸이고 어디를
가든 모났다는 평판은 듣지 않는데 어찌하여 딸과
이런 걸까요? 참 괴롭습니다.
어떤 날에는 엄마 노릇 정말 하기 싫다는 생각이

듭니다. 딸이 진짜 싸가지가 없어요. 저는 평생
그렇게 안 살았거든요. 부모의 권위에 무조건
복종하며 살았죠. 남편도 파파보이고 저도 마마걸인데
딸은 감당이 안 돼요. 벌써 6개월 이상 냉전 중이에요.
이번 기회에 먼저 저 자신을 돌아보고 아이 기질도
이해하고 싶습니다. 정말 간절히 딸과 관계를
개선하고 싶습니다.

"딸과 그렇게 사이가 안 좋으시다니, 정말
힘드시겠습니다."

셜록 황이 안타까운 표정으로 말했습니다.

"딸의 특성을 적어도 1년 전에 알았다면 성적은
하락하지 않았을 겁니다. 왜냐하면 딸의 경우 본인이
뭘 해야 하는지를 납득하면 알아서 잘할 부류거든요.
아무도 따님에게 무엇을 해야 하는지 콕 집어 주지
않았기 때문에 혼란스러웠을 거예요. 따님은 지금
'배 째라' 모드입니다. 엄마와 사고방식에 차이가 있다는
것도 '배 째라'의 원인으로 작용했죠. 따님은 여태까지
당연하다고 생각해온 것에서 더 이상 의미를 찾지
못하고 있습니다. 아마 엉뚱한 분야에 몰두해 있겠죠."

"정확히 맞아요. 〈조아라〉라는 웹소설 사이트가
있는데 거기서 '작가님'으로 활약 중이세요. 재작년에는
순위가 4위까지 올라갔더라고요. 근데 제가 보기에
걔가 창의성은 없어요."

이분 따님, 지금 몸은 대한민국에 있지만 영혼은 호그와트 마법학교에 있어요. 로맨스 소설이나 장르 소설을 탐닉하는데 특히 《해리 포터》에 빠져있죠. 해리 포터가 다니는 호그와트 마법학교의 네 개 기숙사 학생들이 사용하는 목도리, 망토 등 아이템들을 사서 모으느라 정신이 팔려 있는 딸을 지켜보는 이분의 심정은 한마디로 '저게 내 배 아파 낳은 내 딸 맞나'예요. 참다 참다 어느 날 잔소리가 터지면 그날은 제3차 모녀대전입니다.

그런데 그렇게 싸우는 일도 요즘엔 줄었습니다. 약 8개월 전에 근처에 사는 학생이 투신을 했거든요. 그 후 이분은 딸도 혹시나 그릇된 마음을 먹을까 두려워서 더 이상 꾸짖거나 참견하지 않고 있습니다. 엄마는 딸에게 '고졸도 괜찮다, 건강하게 학교만 다녀다오'라고 달래지만 속에선 천불이 나지요.

· · ·

딸은 잠시 정신을 차렸는지 3학년 초반에는 수학 빼고는 다 1등급을 받더니 4월 모의고사에서는 3등급으로 쭉 미끄러집니다. 뭐, 성에는 안 차지만 이게 어딘가 싶기도 했대요. 1년 넘게 공부를 안 한 주제에 이 정도 점수가 나오는 것도 감지덕지라고 생각한 거죠. 한편으론 한심하기도 합니다. 이분 보기에 딸은 해놓은 게 한 개도 없거든요. 딸이 중학생 때 특목고 입시를

앞두고 선행학습을 엄청 시켰는데 그걸로 어찌어찌
버틴 거고 공부를 1도 안 하는 애가 대학 문턱이나
밟을 수 있을지 걱정이 태산입니다.

　내담자의 하소연을 들으니 따님은 에이전트가 높은
아이디얼리스트가 맞는 것 같습니다. 이런 유형은
꽂히면 질릴 때까지 파야 직성이 풀리죠. 엄마는
옆에서 혼자서 열을 냈다가 고졸도 좋다고 다독였다가
냉온탕을 반복하지만, 딸은 그러거나 말거나 관심
없습니다. 딸이 어떤 사람이 될지는 향후 10년이 결정할
겁니다. 고등학교 3학년 성적으로 미래가 결정되지는
않아요. 반면에 이분은 자녀의 미래를 어떻게든 지금
당장 정해보려고 안달복달하고 있어요. 성적이 떨어져
명문대에 못 가면 아이 인생이 망가질 것이라고
염려하지요. 이런 실체 없는 '불안'이 모녀 관계를 더욱
악화시키는 원흉입니다.

　이분, 사실 어릴 적부터 딸을 수긍할 수
없었답니다. 이런저런 심리 검사를 할 때마다 모녀의
성격은 상극으로 나왔답니다. 그럴 때마다 딸의 뇌
구조를 인정하자고 스스로를 채근했습니다. 생존율
40퍼센트의 완치가 어려운 암에 걸려서 시한부
판정을 받았을 때는 성격이 전혀 다르더라도 딸이
애틋했습니다. 모든 욕망을 억누르고 오로지 아이에게

주파수를 고정시켰습니다. 부모 교육 훈련까지 받았죠.
딸에게 모든 것을 맞췄습니다.

5년이 흘러 다시 건강해졌습니다. 살 수 있게 되자
더 이상 욕구를 억누르고 싶지 않아졌지요. 이제는
원 없이 감정 표현을 하고 싶습니다. 딸에게 화가 나기
시작한 것도, 그 무렵부터입니다.

이분은 남편 성격이 딸과 비슷하다고 생각했답니다.
남편도, 애들도 모두 로맨티시스트인 줄 알았답니다.
부부 사이는 참 좋습니다. 결혼 생활 만족도도
높습니다. 사이좋은 이 부부를 다른 사람들이
몹시 부러워할 정도죠. 남편과 아내는 거의 싸우지
않습니다. 한 사람이 더 화난 사람에게 져주니까요.
자녀 앞에서 사소한 말다툼조차 해본 적이 없어요.
그렇기 때문에 내담자는 딸과 매사 부딪히는 상황이
참 힘들고 괴롭습니다.

· · ·

엄마는 딸과 남편이 비슷한 유형인 줄 알았고
남편과 아주 좋은 관계이기에 당연히 모녀지간도
좋을 것이라고 믿었습니다. WPI 검사 결과 딸은
아이디얼리스트, 남편은 로맨티시스트라는 것을 알게
되자 이분, 당황하는 모습이 역력합니다.
본인의 WPI 프로파일을 보고는 더 어찌할 바를

모릅니다. 리얼리스트라고 짐작했는데 휴머니스트라니. 대체 무엇을 어떻게 해야 할지 갈피를 잡을 수가 없습니다. '하나뿐인 딸이 어떤 아이인지도 몰라주고 내가 엄마가 맞나' 자책하다가, 공부 안 하는 딸을 보면 울컥해 '저게 뭐가 되려고'라며 분노합니다. 옆집 아주머니에게는 깍듯하게 인사하면서 엄마에게는 툴툴 거리는 딸을 보노라면 '차라리 엄마 포기하고 쟤의 옆집 아줌마가 되는 게 낫지 않을까?' 싶기도 합니다.

셜록 황 사무실에서 수많은 내담자를 지켜본 결과 이분은 리얼리스트가 살짝 가미된 휴머니스트가 분명합니다. 진짜 리얼리스트 엄마였다면 기에 눌려서 따님을 상전으로 모시고 있을 텐데요. 부글부글 속이 끓고 있는 모습이 영락없이 격분한 휴머니스트입니다.

한 가지 더. 만약 리얼리스트였다면 딸을 셜록 황에게 보내지, 본인이 직접 발걸음을 하지는 않아요.

• • •

내담자를 비롯해 이 글을 읽는 휴머니스트 지구별 여행자들에게 아이디얼리스트를 대하는 팁을 알려드리지요.

아이디얼리스트를 아주 특별한 인간으로 생각해야 합니다. '그냥 특별한'이 아니라 '아주 특별한'이 포인트입니다. 가장 좋은 방법은 '외계에서 온 인간'으로 여기는 거예요. '내 앞에 외계인이 있다, 외계인이 있다' 하고 주문을 외우는 거예요. 영화 〈E.T〉에서 E.T와 엘리어트를 떠올려보세요. 엘리어트가 어떻게 대하느냐에 따라 E.T의 반응도 달라지잖아요. 엘리어트가 잘 해주면 E.T는 평온해지고 누군가 갑자기 다가오면 E.T는 놀라서 매우 부정적인 반응을 보이지요.

그런데 외계인과 대화한다는 심정으로 대하다 보면 어느 순간 아이디얼리스트 딸이 휴머니스트 엄마를 무시하는 것 같은 '느낌적인 느낌'을 받게 됩니다. 딸이 공부를 잘했을 때는 수용할 수 있었습니다. 딸은 엄마의 자랑이니까요. 그런데 상황이 달라졌어요. 엄마 입장에서는 '저런 태도를 보일 자격도 안 되는 주제에'라며 허용이 안 되지요.

엄마가 무슨 생각을 어떻게 하든 딸은 '나는 무엇을 해야 하지'를 고민 중입니다. 자기 고민에 빠져 엄마의 행동이나 말 하나하나에 반응할 겨를이 없어요. 그걸 엄마는 '무시'라고 받아들이는 겁니다. 딸은 지금, 엄마의 변한 태도가 의아합니다. 엄마는 더 이상 잘 해주지 않거든요. 딸은 자신의 과거, 즉 사랑받던 시절을 유지하려 합니다. 그런데 과거와는 다른 방법으로 합니다. 따라서 '유지'는 물론 혼자만의 착각이지요. 무언가에 몰입하면서 '나는 그래도 열심히 살고 있다'며 뿌듯해 하거든요. 딸은 타인은 물론 가족에게도 그다지 관심이 없어요. 본인이 스스로에게 칭찬받을 삶을 살고 있다고 확신하는 마당에 누군가 팩트 폭행을 하면 반발하고 엇나갑니다. 딸은 뭐든 인정받을 수 있다면 무작정 빠져듭니다. 웹소설 작가, 해리 포터 덕후는 대표적인 사례입니다. 이런 아이에게 물질적 지원은 의미가 없어요. 어떻게 달래든 엄마가 원하는 방식으로 움직이지는 않을 겁니다. 저 좋은 것만 하겠죠.

　　이제 휴머니스트 엄마는 화를 내는 대상이 딸인지, 자기 자신인지 조차 분간이 안 됩니다. 과거의 시련을 극복하고 이제야 살만해졌는데 이게 뭔가 싶겠죠. 억울해서 감정을 추스르고 표현하기조차 어렵습니다. 바보같이 살았다고 스스로를 원망하다 다시 울화가 치밉니다.

　　이분은 남편에게 그런 말을 했답니다.

　　"암도 정복했는데 세상에 못할 게 뭐가 있겠어?"

　　그때는 참 담대하셨네요. 그러다가 딸의 성적이 형편없이 떨어지자 이러다가 대학에 못 가게 될까봐 노심초사하게 되었군요. 머리는, 이성은, 말합니다. '대학을 안 가도 되고 전문대 졸업하고도 제 몫을 다 할 수 있다'고. 이렇게 정리했는데 이분은 왜 자꾸 화가 나는 걸까요?

• • •

이분의 관점에서는 노력의 결과가 초라합니다. 그 어렵고 고통스러운 세월을 가족을 위해 견뎠잖아요. 이만큼 노력했는데 요만큼 열매를 얻는다고 생각하니 부당하고 억울한 거죠. 그 화풀이 대상으로 딸을 지명한 것이죠. 정작 딸은 본인 죄도 모르는데 말입니다.

이분에게도 상식은 있어요. 공부 못하는 게 죄가 아니라는 것쯤은 알지요. 그런데 그 상식이 '내 일'이 되는 것은 못 견디는 거예요. 억지로 고졸이어도 괜찮다고 최면을 걸고 있잖아요. 엄밀히 따지면 딸은 엄마에게 빚진 게 없어요. 희생을 강요한 적이 없으니까요. 스스로 희생하기로 마음을 먹고는 그에 대한 보상을 바라고 있는 거지요. 한마디로 이분, 이제 와서 준 것이 아까워진 거예요. 대우도 받지 못하고 뭔가 손해 본 느낌이니까요. 본인도, 주변도 큰 문제가 없는데 왜 이렇게 속상한 걸까? 곰곰이 살펴보니 원인은 딸밖에 없는 거예요. 나머지는 모두 완벽하니까.

아! 눈치 빠른 지구별 여행자라면 이 대목에서 뭔가를 발견했을 겁니다.

이분은 문제를 자신이 아니라 딸에게서 찾고 있네요. 이 모든 갈등은 본인의 마음에서 벌어진 일이거든요. 그것을 자각하지 못하고 딸의 행동과 성적에 분풀이한 거죠.

셜록 황이 지적하자 내담자는 고개를 끄덕입니다.
남편도 비슷한 이야기를 했다는군요. 남편의 충고를
듣는 순간에는 동의했다가 딸의 꼬락서니를 보면 다시
이성을 상실하지요. 오죽하면 딸이 학교 마치고 집에
오면 얼른 저녁 먹고 독서실을 가버렸으면 할까요.
꼴도 보기 싫어서요. 애가 집에 있을 때는 일부러
약속을 만들어서 외출해버린답니다. '내가 진짜 엄마
맞나?' 하다가 '엄마 도리를 저버린 것은 아니잖아?'
하며 갈팡질팡합니다.

내담자는 원래 유쾌한 사람이었답니다. 농담도
잘 하고 친구들과 어울릴 때도 분위기 메이커였죠.
그런 분이 올해는 웃어본 기억이 없다네요. 심각한
상황이죠. 이분이 계속 인상을 쓰고 있으니 남편도
불편하고요. 이분, 왜 이렇게 욕심이 내려지지 않는
걸까요?

"나에게 집중하지 않아서 그런 것입니다."
셜록 황은 내담자에게 차근차근 원인을
분석해줍니다.

이분은 첫 아이가 누구에게든 자랑할 만큼
번듯하게 크는 것이 잘 살고 있다는 증거라고
여겼습니다. 아이는 엄마의 성공을 증명하는

트로피였죠. 그 트로피가 순금으로 세공된 것인 줄
알았는데 이제 보니 하찮은 금속 덩어리로 보이는
겁니다. '내가 이 꼴을 보려고 이렇게 살았나?'는
자괴감이 들었습니다.

딸은 그저 황당합니다. 엄마의 좌절감과 허탈함을
알 길이 없어요.

'아니 왜 엄마가 저렇게 난리야? 나는 잘 살고
있는데. 엄마가 그랬잖아, SKY 안 가도 상관없다고.'

이건 사실 누구의 잘못도 아니에요. 병만 나으면
새로운 인생이 펼쳐질 것이라는 기대가 산산이 무너져
후유증을 앓고 있는 것뿐입니다.

내담자의 WPI 프로파일을 보면 매뉴얼이 높은데
이게 모녀 관계에도 영향을 미치고 있어요. '엄마라면
이래야 한다'는 원칙을 삶에 지나치게 적용하는 거죠.

엄마가 아니라 인간으로서 '대체 무엇을 위해 어떻게
살아야 하는지'를 성찰해야 합니다. 그 어려운 병을
극복하고 건강을 회복한 40대 중년 여성이 자신의
삶을 산다는 것은 무엇인지를 숙고할 때입니다. 엄마가
아니라 '나'에 초점을 두어야 해요.

그런데 그럴 여력이 없었겠죠. 5년 만 살자, 자녀
대학만 진학시키자, 그렇게 하루하루 오직 목표만
바라보며 살아왔으니까요. 고지가 바로 코앞인데 '대학'
앞에서 발에 걸려 넘어졌습니다. 툭툭 털고 일어나질
못하고 있어요.

• • •

　내담자는 굉장히 에너지가 넘치는 스타일이었대요.
뭐든 완벽하게 끝까지 마무리를 해야 직성이 풀렸는데
수술 후에는 쉽게 피곤해져서 선택과 집중이 필요했어요.
인간관계도 딱 끊고 힘을 쏟아 부을 세 가지를
골랐습니다. 가족, 시댁, 친정. 이렇게요.

　휴머니스트는 타인과 교류를 통해 동력을 얻기
마련인데 가족에게만 신경을 쓰면 어떤 일이 벌어질까요?
자식, 특히 딸에게 에너지를 쏟으면서 역설적으로
이분은 본인의 핵심 동력을 잃어버렸습니다.

　로맨티시스트였다면 남편의 지지만으로도 충분했을
거예요. 그런데 이분은 휴머니스트거든요. 다른
에너지원을 발굴해야 할 가능성이 높아요. 발병 전에
가족 말고 다른 사람과 어떻게 지냈고 어떻게 기운을
받았는지 떠올려보면 단서가 보이지 않을까요?

　요즘 내담자는 주로 남편에게서 에너지를 얻고
있네요. 일주일에 서너 번은 외식을 하면서 대화를
한답니다. 그날 있었던 시시콜콜한 일상부터 다양한
주제로 수다를 떨고 나면 가슴은 뻥 뚫리지만 체력은
방전됩니다. 병을 앓기 전에는 어땠을까요? 이분, 온갖
모임을 주도하는 마당발이었더군요. 다양한 학부모
모임에도 적극 참여하고 자녀 친구 엄마들과 놀러
다니기도 했습니다. 그런데 아이 성적이 떨어지고 나니

애들 학교도 가기 싫어졌습니다. 담임선생님을 만날
면목도 없고요.

이분, 과거의 삶과 최근의 일상을 비교하며 이런저런
속내를 털어 놓다가 문득 알아차립니다.

"아! 그래서 지금, 제가 총체적 난국이군요!"

가족에게만 본인 에너지를 쓰는 일, 모든 것을
딱 끊고 '내 가족만 돌보겠다'고 다짐한 일이 엉뚱한
결과를 초래했습니다. 휴머니스트가 인간관계를
단절한다는 것은 활동의 근원이 되는 에너지 공급원을
폐쇄하는 것입니다. 휴머니스트에게는 가족 이외의
사람들과 에너지를 주고받는 일이 중요합니다. 과거에는
딸을 매개로 다른 학부모를 만나 에너지를 충전했지만
지금은 그 가능성이 차단되었어요. 누가 끊은 것이
아니라 손수 막았죠. 그래놓고 아무것도 할 수 없는
사태에 봉착했다며 발을 동동 구르고 있어요. 힘들고
화가 나겠죠. 휴머니스트 대부분이 본인의 시선과 틀로
문제를 바라봅니다. 핵심을 알고 싶어 하지 않아요.

"맞아요. 당장 눈앞에 큰일이 발생하지 않으면 넘어
가요. 누가 뭐라고 해도 세세한 것은 관심도 없고 잘
몰라요. 자신도 없고요."

내담자는 답답해도 방도가 없다며 어물쩍
넘어갔어요. 에너지가 바닥났는데 해야 할 일만
손꼽으면서 자책하고 화만 냈지요. 화풀이 대상은

딸이었고요.

문제의 근원은 자신의 에너지원을 봉쇄한 것입니다.
그것을 깨닫지 못한 채 딸을 공격했다가, 무슨 대학을
가든 괜찮다고 방어도 했다가, 무기력했다가, 화도
냈다가 한 거죠. 원망의 화살을 딸에게 모두 쏘면서요.

• • •

이분이 보기에 딸은 성적이 떨어져도 아무렇지
않아 보입니다. 내신 성적 관리에도 무관심하고요. 등교
시간을 비롯해 약속 시간에 늘 10분쯤 늦고 학원도
제 시간에 도착한 적이 없어서 매번 확인 전화가 온다고
하네요. 방 정리도 안 하고……. 엄마가 보기에 딸처럼
불성실하고 한심한 인사가 없을 것입니다.

딸은 왜 이런 행동을 하는 걸까요? 내담자 말대로
구제불능이어서? 그렇지 않습니다. 딸은 전형적인
아이디얼리스트의 속성을 드러내고 있어요.
조금이라도 약속 시간에 일찍 도착하면 뭔가 손해
보는 것 같으니까 정각에 도착하겠다는 의지가 지각을
부르지요. 누군가 늦었다고 지적하면 부당하다면서
억울해해요.

휴머니스트 엄마는 이런 딸이 감당 안 되거든요.
그러니까 애당초 감당하지 마세요. 집에서 식물을
키우다 보면 어떤 애는 매일 매일 물을 주고

말도 건네고 아낌없이 사랑을 줘야 잘 자라는데 방치할수록 오래 사는 녀석도 있어요. 애 키우는 일도 마찬가지예요.

아이디얼리스트 딸에게 필요한 것은 자기 갈 길을 스스로 찾는 거예요. 딸이 혼자 잘 자라게 내버려둬야 합니다. 딸과 긴밀한 관계를 맺고 최대한 지원을 아끼지 않을수록 딸과의 관계는 더 나빠져요. 딸을 진심으로 사랑한다면 마음을 비우고 딸을 내버려두세요.

엄마가 아무리 엄해도 딸은 위압감을 느끼지 않아요. 한편으로는 엄마의 칭찬을 바라면서도 본인을 인정하지 않는 엄마를 거부하고 있지요.

아이디얼리스트는 자극을 받으면 몇 배로 되갚아주는 아주 고약한 특성이 있어요. 이런 족속에게는 최소한 해야 할 것만 하세요. 휴머니스트 엄마가 옳다고 믿는 대안 따위는 귓등으로도 안 듣습니다. 오히려 청개구리처럼 반대로 해치울 수도 있어요.

아이디얼리스트 자녀에게 휴머니스트 부모는 최대한 마주치지 말아야 하는 대상이에요. 이런 경우 부모는 자녀에게 아무런 의미 없는 존재라는 사실을 받아들이기 괴롭습니다. 엄마의 의도가 제아무리 좋아도 딸에게는 부정적인 영향을 줄 수 있어요. 잘 해보려고 노력할수록 멀어지는 인간관계도 있다는 걸, 아프지만 인정해야 합니다. 엄마가 뭔가를 잘못해서가 아닙니다. 아이디얼리스트 딸이, 원래 그렇게 생겨먹어서 그래요. 부디 무언가를 해주고자 하는 욕구를 억누르세요. 엄마가 뭘 해줄 게 없거든요.

"남편이 딸에게 많이 화가 나 있어요. 너무 성실하지 않기 때문에 애에게 투자를 안 하려고 그래요. 강남에서 고등학생을 키운다는 게 쉽지 않아요. 학원비만 한 달에 200만 원 넘게 들어요. 그거라도 안 시키면 아예 공부를 안 할 것 같으니까."

"지금 지불하는 학원비는 하수구에 돈 버리는 것과 같아요."

셜록 황이 눈 하나 꿈쩍하지 않고 이런 말을 할 때는 로봇인 제 가슴마저 뜨끔합니다. 차라리 그 비용을 차곡차곡 모았다가 딸 고등학교 졸업식 날 "너 이 돈 들고 일본이든, 독일이든, 프랑스든 어디든 가고 싶은 곳에 가서 마음대로 살아라. 대학도 거기서 네가 알아서 가" 이러는 편이 낫다고 친절한 설명을 덧붙이네요.

• • •

휴머니스트는 부모의 뒷바라지와 능력에 의해 자식의 성공 여부가 결정된다고 확신하곤 하는데 실상은 그렇지 않아요. 휴머니스트의 생애는 그들이 맺은 인간관계에 의해 좌우됩니다.

내담자는 부모님이 과외를 시켜주지 않아서 전문직
여성이 되지 못한 것 같다며 속마음을 토로합니다.
오랫동안 품었던 마음 한구석의 원망을 털어 놓은 이분,
비로소 본심이 조금씩 나옵니다.

"엄마는 제게 공부하라고 한 적이 한 번도
없어요. 제가 전문대를 나왔는데 이게 저의 가장 큰
결점이에요. 학원비 대신 애가 사달라는 거 사주고
문화생활하고 정말 그래도 될까요?"

이분은 딸을 내버려두면 지 앞가림 하나도 못할까봐
걱정입니다. 작년에 본인 통장을 달라고 요구하는
딸에게 버럭 화를 내며 문을 부순 적도 있다며
비통하게 말을 하네요. 딸은 기어이 통장을 가져가더니
매일 택배로 물건을 사들였답니다. 그런 딸에게 몹시
배신감을 느꼈지요.

어려운 일이겠지만 눈 딱 감고 따님을 믿어주는
수밖에 없습니다. 혼자 문제를 끌어안고 끙끙거리면서
조금씩 길을 찾아가는 유형이거든요. 굳이 힘들게 사는
타입이에요. 대신 재주가 있으니 적당한 지원과 환경만
제공되면 셀프 개량하면서 누구보다 잘 살 거예요.
그런 측면에서 대한민국은 아이디얼리스트 아이들에게
호의적인 나라는 아니죠.

"제가 딸에게 해줄 게 아무것도 없다는 거네요.
뭔가를 해주려 할수록 마이너스가 된다니 서글프지만

받아들여야지요. 딸이 건강하게 살고 있는 것만으로도 감사하고 애가 좋아하는 거 적극적으로 밀어주고 어처구니없는 짓거리를 해도 재미있겠다며 추임새 넣어주고 이러라는 거죠? 제가 또 마음먹으면 그런 연기 잘해요."

아이디얼리스트 자녀에게는 '넌 참 신기한 애야, 뭔지 모르지만 흥미진진하구나' 하고 호응해줘야 합니다. '너는 네가 알고 있는 것보다 훨씬 가치 있는 사람이야. 넌 잘할 거야'라는 기대감도 표현하고요. 간혹 열 받아서 콱 쥐어박고 싶을 때 꼭 이런 소리를 해줘야 해요. 자녀 입장에서 이게 욕인지, 칭찬인지 헷갈릴 정도로 어금니 꽉 깨물고 '너는 부모의 촉망을 한 몸에 받고 있다'는 것을 주입시켜주는 거죠.

아이디얼리스트 자녀를 키우는 일은, 양육 난이도 최상급을 요하는 어려운 일이긴 합니다. 부모는 자녀가 해달라는 것까지만 뒷받침하면 됩니다. 그 이상은 독이에요. '네 나이가 스물이 넘었는데 아직도 부모에게 손을 벌려?' 이런 신호를 줘도 괜찮아요.

내담자는 문제를 직면하지 않고 딸 탓으로 돌리며 삽질했던 시간들을 떠올렸습니다. 그간의 삽질을 시인하며 딸에 대한 집착 아닌 집착을 버려야겠다고 결심을 합니다.

• • •

　내담자는 딸이 당당하고 주체적인 여성이 되길 바랍니다. 시댁은 딸, 아들을 차별하는 문화가 있는데 오죽하면 딸이 태어나자 이름을 '섭섭이'라고 했다는군요. 남편도 은연중에 그런 기색을 내비쳐서 이분은 딸을 좀 더 챙겨주고 싶었답니다.

　그런데 막상 딸은 부모에게 그리 바라는 것이 없을 거예요. 주면 감사히 받겠죠. 그런데 딸은 부모 유산 없어도 잘 살 거예요.

　"딸이 무사히 고등학교를 졸업하고 수능 점수가 최악으로 나오지만 않았으면 좋겠어요. 2, 3등급만 나와도 성공했다 싶어요."

　내담자는 대한민국이 이상하게 바뀌었다며 더 이상 개천에서 용이 나오기 힘든 구조가 되었다고 말을 했습니다. 개천에서 용이 난다니. 어느 고릿적 얘기를 하시는지……. 부모가 이 프레임에 갇혀 버리면 자녀의 특질을 찾지 못합니다. '성공', '행복', '비범' 등을 바라는 부모가 아이를 힘들게 해요. 이런 것이 부모자식 사이도 망칩니다. 그런 가치는 부모에게나 소중한 것이지 아이가 원하는 것이 아니니까요. 또 쉽게 이룰 수 있는 것도 아니고요. 누구나 잘 먹고 잘살고 싶어 해요. 그런데 실제로 잘 먹고 잘사는 게 독야청청 가능한가요? 끊임없이 남과 자신을 비교해야만 얻을 수

있는 것들이에요. 안정, 평범을 바란다면서 정작 그런
삶을 살면 실패한 기분이 들거든요. 안정과 보통을
추구할수록 본인이 꿈꾸던 성공으로부터 멀어지거든요.
외면하고 회피하는 도피성 행동이 자연스럽게
일어나지요.

셜록 황의 이야기를 들으며 내담자는 봇물 터지듯
본인의 이야기를 털어놓습니다.

이분은 '나는 무엇을 위해서 어떻게 살아야 할지'를
고민한 지 얼마 안 되었습니다. 딸이랑 싸우다가 암이
재발할 수 있겠다는 자각이 들면서 얼마를 살든 즐겁게
살자고 마음을 먹었답니다. 애가 요리를 잘하니까
제과점을 내주면 어떨까, 유연하니까 사회체육학과를
보내서 요가 학원을 차려줄까? 그런 생각을 했는데
이제야 '딸'은 빼고 '나'만 고민해야겠다는 것을 알게
되었습니다.

그렇다면 이분은 무엇을 고민해야 할까요?

이제 이분은 '나는 평생 무엇을 위해 살았는가,
넉넉하지 못했던 어린 시절 대신 만족스러운
가정환경을 만들기 위해 살아왔던 것은 아닐까' 하고
스스로에게 질문을 던져야 합니다. 나는 앞으로
어떻게 꽃을 피울 것인지도 물어야 해요. 자식은 내
인생의 훈장도, 꽃도 아닙니다. 나 자신을 찾을 때가

되었습니다. 내가 꿈꾸던 인생을 기억해내야 합니다.
여럿이 함께 '영차영차' 할 때 제일 신나는 사람인데
미리 걱정하며 그 기회를 다 막아버렸습니다.

휴머니스트는 가족으로 충분하지 않아요.
휴머니스트가 가족에게만 집중하는 것은 온 몸이 묶여
있는 상황과 같습니다. 그래서 이분, 탈출 방법을 찾지
못해 화병이 났어요. 이러다가 암이 재발하지 않을까
겁도 나고요. 빨리 정답을 찾겠다며 서두르고 있지요.

그러나 서두르면 체해요. 아직 젊고, 적어도 2, 30년은
더 살 테니 나를 찾으려면 최소한 2, 3년은 투자해야
합니다. 본래 자기 스타일대로 사람들과 즐겁게 웃고
왁자지껄 지내면서 열심히 '나'를 찾아야 합니다. 남편과
지금처럼 계속 데이트도 하시고요.

남편이 '나'를 찾는 길에 동행해도 좋아요. 단,
남편이 원해야 합니다. 남편 사업을 도와주고 있다면
거기서 독립을 할 수도 있어요. 여러 가지 경험을
닥치는 대로 하면서 주변을 둘러보세요. 어쩌면 당신이
최고로 잘할 수 있는 일은 사람들에게 도움을 주고
조언해주는 그런 역할일 수도 있습니다. 본인만의
방식으로 꾸준히 역량을 키워 간다면 '자기 찾기'를
이룰 수 있지 않을까요?

4 — 엄마는 무엇으로 사는가

5

비정상회담 · · · · · · · · · · ·

어떤 선택을 해야 더 행복할까요

남편과 관계가 몹시 악화된 결혼 7년차 주부가
상담실을 찾았습니다. 언뜻 보기에도 몹시 위축된
몸짓으로 상담실 문을 열고 들어오는 내담자의 표정이
어둡다 못해 적막감마저 느껴지네요. 어떤 어려움이
있어서 셜록 황을 찾아 왔을까요?

박사님, 정말로 요즘처럼 사는 게 막막한 적은
없었습니다. 어떤 선택을 해야 더 행복할지 도통
알 수가 없습니다. 남편과 사이가 좋지 않아요.
이대로 사는 것은 너무 힘들 것 같습니다. 이혼을
해야 할지, 말아야 할지 모르겠습니다. 그냥 산다면
무엇을 바꿔야 할지 분별이 안 됩니다.
신혼 초만 해도 남편은 제가 하자는 대로 다
했습니다. 아무리 무리한 요구를 해도 받아주고
싸워도 늘 져줬습니다. 남편이 무던한 성격이겠거니
했는데 그게 아니라 차곡차곡 쌓아온 모양입니다.
참았던 화가 터지더니 아이 낳고 1년 만에
이혼하자고 하더라고요. 그때가 결혼 3년 차였습니다.
제가 잘못했다면서 남편의 요구 조건을 받아들였고
이혼은 없던 일이 되었습니다.
그 후 결혼 생활은 불행해졌습니다. 정말, 많이
힘들었고 지금도 힘듭니다.
당시 남편의 요구 조건은 다음과 같습니다.
돈은 각자 관리하기로 했습니다. 본인이 집을

5 — 박정상회담

83

해왔으니 저더러 자기 집에서 무료로 살아온
거라더군요. 그때부터 월세 대신 생활비를
책임지라고 요구했습니다. 남편은 친정에 발걸음을
끊었습니다. 친정 엄마가 수술로 입원하셨는데도
저 혼자 병문안을 갑니다. 명절에도 아이 데리고
저 혼자 친정에 갑니다. 남편은 아직도 다툴 때마다
'네 엄마가 예전에 이러이러했다'며 신혼 초
장모에게 받은 설움을 말합니다. 남편은 죽어도
'너희 집'은 가지 않겠답니다. 시댁과는 아랫집
윗집이라 저는 시댁에 자주 갑니다.
남편과 살면서 가장 고통스러운 건 막말, 함부로
하는 행동, 이기주의입니다. 사이가 대단히
안 좋을 때는 근무 중에도 '이게 미쳤나, 당장 짐
싸서 나가'라며 수시로 문자를 보냅니다. 요즘에도
'냄새나니 음식물 쓰레기 치워라', '밥 많이 해놓으면
전기세 나가니까 그때그때 해라', '네 돈 아니라고
전기 막 쓰냐', '너는 입만 열면 거짓말이냐',
'샤워하고 욕조랑 벽에 물기 닦고 나와라',
'네 집 아니라고 막 쓰냐'는 등 이루 말할 수 없이
치욕적인 문자를 보냅니다. 심지어 큰일 보고 나서
비데도 쓰지 말라더군요. 물 튀어서 더럽다나요.
본인은 화장실 청소 한 번 안 하면서 말입니다.
같은 공간에 있을 뿐 남남이 사는 것 같습니다.
월급도 각자 관리합니다. 아파트가 남편 명의라

관리비, 대출 이자를 남편이 부담합니다. 생활비는
제 몫이니 아이 병원비까지 저에게 청구합니다.
남편은 '네 돈', '내 돈' 칼같이 나눕니다. 돈뿐
아니라 집안일을 비롯해 매사 네 일, 내 일, 네 것,
내 것을 나눕니다.

예를 들면 제가 화장실 휴지를 갈아 끼우고 휴지
심을 깜빡 화장실에 두고 나온 적이 있었는데
잠시 후 그게 제 화장대 위에 있더라고요. 네가 한
거니 네가 치우라는 거죠. 아이 우유 먹이고 나온
우유갑이나 제가 먹은 음료수 캔이 담긴 재활용
쓰레기는 며칠이 지나도 밖에 내놓지 않아요. 네가
만든 쓰레기니 네가 갖다 버리라는 거죠. 그러면서
본인은 먹고 난 후 설거지, 음식물 쓰레기 처리 절대
안 해요. 그건 본인이 정한 제 일이니까요.

저는 남편에게 아내 혹은 가족이 아니라 그저
동거인인 기분이 듭니다. 한 집에서 지낼 뿐
동거인으로 생각하며 제 할 일 하며 편히 사는
것도 괜찮을 것 같네요. 제가 회식에 참석해서
늦게 귀가하거나 술을 마시고 퇴근하면 '몇 시 까지
안 들어오면 집에 못 들어올 줄 알아라', '더 늦기
전에 딴 놈 만나라', '술 처먹고 뭐 했는지 알게
뭐냐'는 등 험악한 문자를 보내거나 화를 냅니다.
항상 눈치를 보고 남편에게 얽매여 사는 것이
속상합니다.

싸울 때마다 남편은 "내 집이니 너는 나가!"라고
합니다.

한 번은 아이 목욕시킬 때 문밖에서 남편이 질문을
했는데 큰소리로 대답했더니 왜 짜증내냐며
따지더라고요. 대꾸를 안 했더니 자기를
무시한다고 길길이 날뛰었습니다. 아이 앞에서
수건을 머리에 감은 채로 남편에게 팔과 다리를
잡혀 현관까지 끌려 나갔습니다. 저는 팔과 다리에
멍이 들었고 아이도 많이 놀라 부들부들 떨었어요.
본인의 지시에 대해서 "응"이 곧장 나오지 않으면
"대답 안 해?"라며 불같이 화를 냅니다. 그럴
때마다 남편의 부하나 꼬봉이 된 것 같아요. 자기가
산 옷걸이에 제 옷이 걸려 있다며 죄다 꺼내서
바닥에 쌓은 적도 있답니다.

그러면서도 사이가 좀 좋다 싶으면 부부 관계를
요구합니다. 감정 교류 없이 맹목적으로 강요하니
제가 자꾸 거부하게 됩니다. 부부 사이가
악화되는 큰 요인입니다. 부부 관계를 하면
다정하게 잘해주다가 거절하면 돌변해 막말을
합니다. 평상시 저에 대한 배려가 전혀 없으니
점점 마음이 멀어집니다. 그래서 남편과 더 함께
있기 싫어요. 악순환이죠.

정말 "왜 사나" 싶은데 아이를 떠올리면 어찌해야
할지 모르겠습니다. 아이는 제 삶의 유일한

안식처입니다. 아이를 데리고 나갈 수도 없을 것
같고 그렇다고 두고 나갈 수도 없습니다. 이혼을
못하는 가장 큰 이유입니다.

친정은 꽤 유복했는데 최근에 형편이 어려워졌습니다.
이혼하면 친정에 머물 방 한 칸 없는 상황입니다.
이혼을 못하는 또 다른 원인입니다.

남편이 싫습니다. 남편이 늦게 들어오면 아이랑
둘이 행복합니다. 일찍 귀가한 날에는 또 무슨
트집을 잡으며 화를 낼까 눈치보느라 긴장의
연속입니다. 남편이 그냥 죽었으면 싶을 때도
있어요. 이런 남편과 그래도 행복하게 살 수
있을까요? 행복하려면 저는 어찌해야 할까요?

남편은 돈에 매우 집착하고 한 가지 일을 하면
다른 것은 보지 못합니다. 청소 중에 아이가 급하다고
소리를 지르는데도 하던 청소 다 끝내고 아이에게
오는 사람이에요. 아이가 네 살 때 바닥에 장난감을
떨어뜨린 적이 있어요. 엄청 야단치더군요. 바닥에
기스난다는 이유로. 아이에게 더러운 손으로 벽을
만지지 말라고 한 적도 있어요. 벽지 더러워진다고.
그런 남편이 정말 이해가 안 되고 싫습니다. 셜록
황의 팟캐스트를 들으며 생각해봤는데 남편은
리얼리스트와 에이전트 성향이 높을 것 같아요.
예전에 WPI 검사를 해본 적 있습니다. 남편과
사이도 안 좋고 친구도 잘 만나지 못해서 더 울적할

때였는데 로맨티시스트로 나오더군요. 망상을
잘하고 매사 확신이 부족해 일일이 남들에게
물어본다는 로맨티시스트의 특성을 읽으니 딱 제
얘기더군요. 심할 때는 '내일 아이에게 긴팔 입혀도
되는지'까지 언니에게 전화하곤 했으니까요. 그런데
이번에는 검사 결과 휴머니스트랍니다.

참고삼아 말씀드리면 결혼 준비할 때 친정 엄마가
결혼 비용과 집 문제로 남편의 자존심을 많이
건드렸습니다. 신혼 초에 시어머님이 아프셨을 때
제가 불편해서 병원에 오래 있기 싫다고 한 적도
있고 결혼식장에서 저를 내버려두고 친구 와이프
커피 심부름을 가기에 제가 화를 내며 때린 적이
있는데 그게 남편에게는 큰 상처였답니다. 싸울
때마다 그 얘기를 꺼냅니다.

"남편이 어떤 사람인지 잘 모르고 계시네요."
이분의 이야기를 가만히 듣고 난 셜록 황은
안타까운 표정을 숨기지 못한 채 말했습니다.

내담자는 3년 전, 부부 상담을 받은 적이
있었답니다. 그런데 상담해주는 사람이 문제를
심각하게 인식하지 않았다는군요. 별 것 아닌 일로
싸우고 있다고 했대요. 상담해주는 사람의 그 태도에
내담자는 크게 실망했지요. 남들 눈에는 대수롭지
않아 보이는 손가락에 박힌 가시도 본인에게는

큰 아픔이거든요. 하물며 파국으로 치닫고 있는
부부 사이입니다. 문제를 해결하려고 상담을 받는 건데
상담해주는 사람이 이분의 고통을 심각하게 여기지
않았으니 얼마나 속상했을까요. 상담은 세 번 진행했지만
조언이 와 닿지 않았답니다. 상담은 흐지부지 끝나고
말았죠.

　시간이 지나도 남편과 관계는 회복되지 않았습니다.
그래서 이번에는 정말 마지막 지푸라기라도 잡는
심정으로 셜록 황을 찾아온 것입니다.

　"남편은 본인이 똑똑하다고 생각하겠지만 참 멍청한
사람이에요. 남편 분이 들으면 아주 기분 나쁘겠지만,
사실이에요."

　셜록 황은 내담자의 남편에 대해 신랄하게 평가한
뒤 차근차근 이야기를 전개했습니다.

　· · ·

　"결혼 7년차라고 하셨죠? 우선 본인의 관점에서
남편의 결혼 전후의 모습을 설명해주세요."

　"첫눈에 반한 건 아니었어요. 그래도 끌리긴
했습니다. 이 사람이라면 결혼해도 되겠다 싶을 정도로
순하고 예의 바른 인상이었죠. 반듯한 이미지였어요."

　둘의 연애 기간은 1년도 채 안 되었답니다. 이분은
자신의 본색이 드러나면 상대방의 애정이 식을지도
모른다고 생각해 결혼을 서둘렀더군요. 휴머니스트가

스스로를 로맨티시스로 생각한 적이 있다는 말은
그 당시 이분의 심리 상태가 썩 좋지 않았다는
반증입니다. 자신이 어떤 사람인지 정확히 알지
못한 채 그저 숨어버리고 싶고 우울한 상태로 배우자를
선택했을 가능성이 높죠. 지금도 이분은 본인의
결혼 생활을 있는 그대로 들여다보거나 받아들이는
것을 꺼리고 있습니다. 셜록 황이 계속 얘기하라는
눈짓을 보내네요.

"그랬는데 살다 보니 성격이 너무 이상한 거예요.
좀 심하게 표현하면 어떨 때는 괴물 같아요."

아들이 실수로 물건을 나무 바닥에 떨어뜨리면
남편은 소리를 지릅니다. 애가 물을 쏟는 것도 못
견디고 벽에 낙서를 한다는 것은 있을 수 없는 일이죠.
이분이 '당신 죽으면 애 집이야, 너무 그러지마'라고
말하면 남편은 '그래도 아직은 내 집이다' 하고
대꾸하는데 어린 아들이 그 말을 듣고 '아빠 싫어, 아빠
나가'라고 하면 '여기는 내 집이니까, 네가 나가' 한다는
군요. 누가 어른이고 아빠인지, 제 축적된 데이터로는
값을 구분할 수 없다고 나오네요.

이분은 아이를 셋 정도 낳고 싶었는데 돈 걱정이
지나친 남편은 경제적인 요인을 이유로 둘째를 낳는
것을 동의하지 않았습니다. 이분은 임신도 마음대로
할 수 없는 신세를 잠시 한탄하다가 아이가 하나 더

생긴다고 처지가 나아질 것 같지는 않다며 한숨을 길게
내쉽니다.

앙금이 쌓일 대로 쌓인 두 사람, 관계를 회복할
수 있을까요? 부부가 자녀 양육에 적극적이고 부부
관계에도 큰 문제가 없다면 결혼 자체가 깨지는 일은
드물어요. 근데 두 사람은 지금 심각한 상태예요.
상대방이 괴물로 보일 지경이라면 언젠가는 폭발하고
맙니다. 누군가에게 직접적으로 위해를 가하는 것이
아니라 자해할 확률이 높아요. 말이 그렇지 자해를
아무나 하는 건 아니잖아요. 몸소 어쩌지는 못하니까,
마음이 몸을 해치기 시작하지요. 갑상선 기능 장애,
류머티즘, 우울증 등 다양한 질병과 증상으로 나타나는
거죠.

• • •

"남편은 부인에 대해 어떻게 생각할까요. 사이가
나쁘다고 생각은 할까요?"
셜록 황이 묻자, 남편의 일기장을 본 적 있다고
대답합니다. 정확하게는 남편이 다 자란 아들에게
건네려고 쓴 편지인데요. 그 글에 이런 내용이
있었답니다.
'너는 이런 결혼을 절대 하면 안 돼.'
이 부부는 중매에 가까운 소개팅으로 만났는데

한창 싸울 때는 인연을 맺은 방식에 대한 원망도 있었답니다. 그래서인지 남편이 아들에게 쓴 편지에는 좀 더 자연스럽게 이성을 만났으면 하는 바람과 더불어 본인의 결혼 생활에 대한 회의가 담겨 있었습니다. 아마도 본인이 이혼을 요청하면 남편이 수락할 거라며 쓸쓸하게 대답합니다.

다만 이혼소송이 진행되면 남편은 친권은 물론 양육권도 포기하지 않을 타입인데 시어머님이 몸이 약하셔서 손자를 키워줄 형편이 안 되니 계산기를 두드려보고 이혼을 반대하지 않을까도 추측했습니다.

내담자는 본인이 암에 걸리면 남편이 치료비를 부담하지 않을 거라며 길게 한숨을 내쉬었습니다. 실제로 이분은 몸살도 자주 걸리고 여기저기 아픈 곳이 많은데 그럴 때마다 남편은 "아휴, 또 아파?"라며 짜증을 낸다고 합니다. 자기도 모르게 그런 표현을 할 수 있겠죠. 이분 역시 언젠가 남편이 아팠을 때 '빨리 나아서 아들이랑 놀아줘야 할 텐데⋯⋯'라고 생각한 적이 있으니까요. 예전에는 남편이 인정 많고 인간적이라고 생각했는데 이제는 그런 따뜻함이 사라졌답니다. 그래서 남편을 리얼리스트와 에이전트 성향이 높을 것 같다고 판단한 거죠.

"제가 아프면 남편은 저를 내다버리지 않을까요. 남편은 제가 이런 고민을 한다는 것조차 모를 거예요."

휴머니스트는 어떤 사람이 싫어지면 상대방을

이기적이고 비인간적인 사람으로 인지합니다.
가족에게 돈 쓰는 것조차 아까워한다고 힐난하지요.
바닥에 물을 쏟은 꼬마에게 '여기 내 집이야!'라고
항의하는 광경은 재미있는 농담거리잖아요. 막상
내 배우자가 매우 진지하게 그런 행위를 벌이고 있다면
웃을 일이 아니겠지요. 기본적인 신뢰조차 무너진
관계라면 정말이지 꼴도 보기 싫을 겁니다.
'한 공간에서 숨을 쉬는 것조차 끔찍해요'라는
하소연이 나올 법하죠.

'이쯤 되면 이혼하는 게 낫지 않냐?'는 지구별
여행자들의 아우성이 주파수에 잡혔습니다. 부인이
남편을 전혀 믿지 못하는 것 같은데 이혼도 충분히
답이 될 수는 있겠지요. 그러나 셜록 황은 '얼른
이혼해버리세요'라는 말은 성급히 하지 않네요.
대신 이렇게 얘기했습니다.

"우선 남편이 도대체 어떤 인간인지를 알아야
합니다."

아, 남편이 지긋지긋한 사람에게 '남편을 잘 알아야
한다'니……. 내담자의 눈동자가 심하게 흔들리고
표정도 일그러지네요. 그런데 로봇인 저도 정말
궁금합니다. 연애할 때 그 다정한 남자와 지금의 남편은
어떻게 이토록 '다른 인간'이 되었을까요?

• • •

남편은 지금, 성질을 부리며 본인을 좀 알아달라고
아이처럼 떼를 쓰는 중이에요. 성숙한 인간라면 결혼
생활에서 '그런 짓'을 해서는 안 된다는 것조차 모르는
그야말로 미숙아죠. 만일 남편과 그만 살고 싶다면
셜록 황은 이혼 잘하는 법을 강론해줄 수도 있을
것입니다.

이혼도 물론 선택지에 두고 고려해야 합니다. 그러나
계속 살 생각이라면 셜록 황의 솔루션은 방향이 달라질
것입니다. 따라서 무엇보다도 이분 마음이 어디에
있느냐를 확인해야겠죠.

셜록 황은 재차 물었습니다.

"남편이 진짜 징글징글하거나 도저히 못 살겠다
싶은 마음을 구체적으로 표현하면 몇 퍼센트
정도인가요?"

다툴 때는 무척 싫지만 사이가 괜찮을 때는
견딜 만하다며 평균적으로 60~70퍼센트 정도인 것
같다고 대답합니다. 아들과 둘이 캠프도 자주 다닐
만큼 남편은 아들에게 잘하는 편입니다. 그럴 때면
'그래, 부부가 군이 사랑하지 않고 살아도 괜찮지'
싶다가도 갈수록 싸우는 횟수가 늘고 잦아져 어쩔 줄을
모르겠답니다. 게다가 일일이 통제하려드니 숨이 막힐
지경입니다.

남편은 자기가 옳다고 믿는 기준과 논리가
분명합니다. 미세먼지가 발생하는 날은 창문을
5센티미터만 열어야 하지요. 이분이 더워서
10센티미터쯤 열었다가는 호되게 야단을 맞습니다.
남편이 정한 규칙을 따르지 않으면 천하의 죄인이
됩니다. 남편은 자기가 항상 옳다고 믿는데다 아내는
남편을 하늘처럼 받들고 따라야 한다는 가부장적
사고의 소유자지요. 물론 이분은 남편의 막무가내식
지시와 요구를 반드시 따를 필요는 없다는 걸 머리로는
압니다. 그럼에도 그저 가만히 있는 것, 요구를
받아주는 것은 '싸우기 싫어서'입니다.

　　이분은 남편이 누구인지도 모른 채 생떼에 지나지
않은 남편의 요구를 마냥 받아주기만 했습니다. 그렇게
남편의 논리에 말려들면서 스스로를 절망의 늪으로
밀어넣어왔던 거죠. 이렇게까지 악화될 줄 몰랐을
것입니다. 아직 애가 어리니까 참고 살자고 다짐했겠죠.
그러다 보니 이제는 그야말로 볼모가 되어버렸습니다.
인질처럼 끌려 다니고 있어요. 그런 삶을 스스로
가치 있다고 여길까요? 자기 삶의 주인이 아닌
채라면, 살아도 사는 게 아니겠지요. 이제 탈출하기로
마음먹었다면 '인질범, 그는 누구인가?'를 정확하게
파악해야 합니다.

· · ·

남편은 이분의 어떤 매력에 반한 걸까요? 결혼 후 남편은 왜 달라졌을까요? 연애 시절 이분이 남편에게 느낀 감정은 무엇이었을까요? 지금은 아내와 엄마로서 남편과 어떤 관계를 만들고 싶은 걸까요?

셜록 황이 차례로 질문을 던지자 이분은 하나도 기억나지 않는다, 잘 모르겠다며 당혹스러워합니다.

유레카! 드디어 문제의 핵심으로 들어왔습니다. 이분은 어떤 이유로 그린라이트를 켰는지 싹 잊어버린 것입니다. 남편이 본인에게 왜 끌렸는지를 잊은 채 남편의 요청에 무기력하게 응하고 있습니다. 남편은 혹시 휴머니스트인 이분을 '내 말을 잘 들어주고 나를 돌봐주는 여자', '분위기 띄우는 착한 여자'로 판단내리고 바로 결혼을 추진한 것은 아닐까요? 그 '착한 여자'라는 생각은 결혼 후에 어떻게 작용했을까요? 남편은 이분이 '착하다'는 이유로 멋대로 휘둘러도 된다고 생각했을 겁니다. 이런 심리 상태는 집에 값싼 하녀를 둔 것과 같아요. 부인을 하녀로 보는 거죠. '이게 뭐지?' 싶어서 아내가 항변하면 남편은 '어라? 내 노예인 줄 알았더니 이웃집 노예인가?' 하며 갸웃거리겠죠.

아내를 하녀 정도로 여기는 남편에게서 주도권을 빼앗아오지 못하면 이분은 이런 노예 상태에서 벗어날 수 없습니다. '애를 위해서 이 결혼을 유지해야

한다'고 결심하고 싸우기 싫어서 점점 위축될수록
뒤틀린 가정을 바로잡지 못합니다. 그저 무력감에
허우적거리게 되지요. 결혼 생활이 길어질수록 의욕
상실은 점점 커졌고 지금도 커지는 중입니다. 이젠
더 이상 지체할 수 없는 긴급 상황입니다. 비정상을
정상화해야 합니다.

　이런 상상을 해볼까요? 남편을 처음 만났던 날,
소개팅이 끝나고 '저 남자 싫어, 안 만나'라고 했다면
어떤 일이 벌어졌을까요? 결혼하지 않았겠지요. 그런
심정으로 부부 사이에 주도권을 쥐었어야 했어요.
이분은 가장 강력한 무기를 버린 것입니다. 주도권은
위계를 세우기 위한 투쟁이 아니에요.
　〈효리네 민박〉에 이런 장면이 나옵니다. 이효리와
아이유가 반려견들과 바닷가를 산책하는데 견공들에게
질질 끌려 다니는 아이유를 향해 이효리가 이렇게
말합니다.
　"네가 리드해."
　주도권을 쥐지 못한 이분은 결국 노예의 길로
접어든 것입니다. 상황이 이렇게까지 됐는데 제대로 된
길을 찾아갈 수 있을까요? 주도권을 다시 빼앗아올 수
있을까요?

　우선 주인 역할을 하는 인간을 분석한 후, 본인이

주인이 된다면 어떤 양상이 벌어졌을지 상상해보세요.
주도권을 가진 인간은 자신에게 오는 어떤 공격도 막을
수 있습니다.

그런데 셜록 황이 아무리 설명해도 이분은 이미
남편에 대한 거부감이 너무 커서 귀에 들어오지
않아요. 그럴수록 기운을 차려야 합니다. 이런 충고를
들을 여력이 없다고요? 그러니까 '아들 때문에
이혼 못해요'라고 한 것입니다. 마음을 있는 그대로
들여다보고 싶지 않아서 아들을 언급한 것입니다.
본심은 '이혼하고 싶지 않다'예요. 스스로를 가둔
감옥에서 풀려나고 싶다면 남편을 향한 격분을
내려놓고 차분하게, 그리고 담담하게 자기 자신과
남편의 실체를 들여다봐야 합니다.

• • •

"저는, 그러기가 싫어요. 모든 것을 다 버리고
싶어요."

이런, 마음의 근력이 많이 떨어졌군요. 본인이
어떻게 해야 행복할지, 저 남자의 아내로서 어떤
몫이 주어졌는지, 남편에게 무엇을 얻고 싶은지 등을
구상해본 적 없었기에 더욱 근력이 떨어졌을 겁니다.

무엇보다 서글픈 것은 이분은 자신의 존재 이유와
가치를 남편에게 충분히 어필하지 못했습니다.
셜록 황이 조심스레 한마디합니다.

"이건 꾸중이 아니에요. 부디 상처받지 마세요.
여태까지 착한 부인이 되어야 한다는 통념을 따르느라
자기 존재의 이유와 가치를 남편에게 충분히 어필하지
못하셨어요."

남편의 철부지 같은 의견, 말도 안 되는 행동에
동의하지 않으면서 '치사하지만 애를 봐서 내가
접는다'는 식으로 남편의 주문을 들어준 것입니다.
한마디로 남편을 잘못 길들인 거죠. 왜냐? 한국 사회에서
'아내'는 남편 요구를 거절하면 안 되고 내 욕망은
드러내지 말아야 한다고 가르치니까요. 그런데 그게
과연 옳은 명제일까요? 그 요구가 부당하면 그게
남편이든, 남편 할아버지든 거부해야 하는 것 아닌가요?
내 욕망에 반하면 못하겠다고 해야 하는 것 아닌가요?

셜록 황은 이분에게 절대로 남편 뜻대로 하지
말라고 강조합니다. 이분은 남편에게 해줄 수 있는 것과
없는 것의 기준을 정확히 알려줘야 합니다. '이 집은
내 것이니까, 너는 생활비를 내라'고 억지를 부릴 때
응수하지 말아야 해요. 그 주장은 아내가 남편에게
'네가 나랑 자려면 얼마를 내라'라는 것과 다르지
않아요. 그런 부당한 얘기, 폭력적 언동을 할 때는
'어느 댁 멍멍이가 짖고 있구나'라는 태도로 한 귀로
흘려버려야 합니다. 남편이 혼자 울화가 치밀어 난동을
부리면 부인은 무조건 그 자리에서 벗어나야 합니다.

방으로 들어가도 좋고 아예 잠깐 나가도 좋습니다.
밖에서 커피 한 잔 마시면서 기다리는 게 낫습니다.
시간이 제법 흘렀는데 아무 연락이 없다면 살그머니
들어오면 그만입니다.

물론 쉽지 않다는 것을 압니다. 두렵겠지요.
인공지능 로봇 주제에 두려움을 아느냐고요? 두렵다는
감각을 직접 경험하지는 않았지만 어떤 과정에서
나타나는 반응인지 축적된 데이터를 통해 값을 도출할
수 있습니다.

아마 남편이 바깥으로 쫓아오지 않을까 걱정될
것입니다. '집에 올 생각 말아!'라는 협박성 문자를 받을
수도 있고요.

"철없는 남녀가 만나서 아무 생각 없이 지내다가 애
낳고 살았네요."

내담자는 비참한 심경을 토로합니다. 이분 심리
상태는 지금 '이혼'한 것과 마찬가지입니다. 그러나
모순적이지만 이런 심리도 있습니다.

'한때 사랑했고 미약하나마 지금도 감정이 남은
내 아이의 아빠와 헤어지고 싶지는 않다.'

이분, 이런 속내를 남편에게 다 털어 놓아야 합니다.
잘잘못을 따지지 말고 진솔하게 대화해야 합니다.
남편이 다가왔을 때 저항한 것은 당신이 괴물처럼
느껴졌기 때문이라고 솔직하게 밝혀야 합니다. 더

이상은 참을 수 없는 지경에 도달했다고도 명확히
말해야 합니다. 단, 대화할 때는 진심으로 남편의
존재와 가치를 존중하는 태도를 보여야 합니다.

셜록 황의 충고에도 불구하고 이분은 마음을 쉽게
열지 않습니다. 왜 남편을 인정하고 이 결혼을 소중하게
지속하겠다는 마음을 서로 확인해야 하는지 수긍이
안 됩니다. 그동안의 아픔을 죄다 드러내고 남편과
아빠의 위치를 각성하도록 애를 쓰고 싶지도 않습니다.
평양 감사도 저 싫으면 소용없다는데 이분은 남편과
관계를 복구하기 위한 어떤 노력도 기울일 수 없습니다.
기력이 모두 소진되었으니까요.

• • •

셜록 황이 마지막으로 한 번 더 물었습니다.

"이혼하고 싶으세요?"

"음……. 이혼하고 싶지는 않아요."

"그런데 그거 아세요? 결혼 생활은 누군가의 노예로
살아서는 유지될 수 없습니다. 누구의 아내, 엄마인
것도 중요하지만 동시에 '나'로 살아야 해요. 이렇게
1인 3역으로 살아야 비로소 결혼도, 삶도 정상으로
돌아옵니다."

이분은 지금 세 가지 역할 사이에서 충돌이 일어난
상황입니다. 하녀 신세로 전락해 엄마가 되겠다고
안간힘을 쓰는 중이죠. '나'로 사는 것은 꿈도 꾸지

못하고요. 자기 자리를 못 찾고 있으니 그에 따른
임무도 이리저리 흔들리며 일대 혼란이 벌어진
셈입니다.

"남편에게 경제권 다 가져가고 아끼며 살자는
얘기까지 자발적으로 제가 꺼냈네요. 어떻게 하죠?"

이런, 노예가 '주인님, 제가 밖에서 벌어온 돈도
다 받으세요. 우리 멋진 주인님, 저는 당신의 영원한
노예입니다'라는 메시지를 보내셨네요. 남편은 전생에
나라를 구했나봅니다.

더욱 안타까운 것은 남들은 이분의 고통을
짐작조차 하지 못한다는 것입니다. 오죽하면 친한
동생이 '언니는 형부를 잡고 사니까……'라며
부러워했대요. 갑갑한 현실도 지긋지긋하고 부부
사이가 이렇게까지 악화된 것도 자존심이 상합니다.

이제 악순환의 고리를 끊어야 합니다. 첫 걸음은
문제의 정체를 확실하게 아는 것입니다. 기본 전제는
정해야 합니다. '이혼도 가능'한지, '이혼은 절대
불가'인지부터 결정하세요. 이미 이분은 '이혼은 하고
싶지 않다'고 뜨뜻미지근하게 작심했습니다. 지구별
여행자들이 보기에 어때요? 진심으로 이혼을 원하지
않나요? 제 회로도 덩달아 복잡해지네요.

지금 이분 머릿속은 뒤죽박죽입니다. 그럴수록 한
가지 목표만 떠올려야 합니다. 주인과 노예가 아니라

주인과 주인으로서 남편과 아내의 역할을 복원하는
것 말이지요. 주인으로 서기 위해서는 자기가 어떤
성향의 사람인지, 강점이 무엇인지 알아야 합니다.
이분은 주인답게 살 수 있는 여건을 갖추었지만
스스로 깨닫지 못하고 있어요. 자기 방식이 상대에게
받아들여지지 않는다고 막연히 판단하고 스스로
노예가 되어버렸습니다. 무턱대고 싸운 적도 있지만
대실패였죠.

그러면 어떻게 했어야 할까요? 아니, 어떻게 해야
할까요? 남편의 공격에 대응하지 말아야죠. 남편이
불시에 습격하면 달아나야 해요. 피하려니 자존심이
상한다고요? 이 상황에서는 최선의 전략이에요.
잘 피하되 어떤 일이 벌어졌는지, 본인은 그 일로 어떤
감정을 느꼈는지를 그때마다 메모하세요.
'모 장소에서 어떤 이유로 이러저러한 사건이
발생했는데 남편은 이런 행동을 했고 나는 완전히
열 받았다.'
일주일이든 한 달이든 일정 기간 사례를 모아야
합니다.
집안일이든 뭐든 남편이 이런저런 명령을 하면
대꾸하지 말고 조용히 그 자리에서 사라지세요.
시킨 일, 당연히 하지 말고요. 남편이 소리 지르면
"당신이 하면 되잖아요"라고 차분하고 평온하게 한마디

하세요. 남편이 계속 시비를 걸면 "나는 당신의 노예가 아니에요"라고 조용하고 단호하게 대처하세요. 남편이 끈질기게 "그건 네 일이야"라고 고함을 치면 아무 말도 하지 마세요. 부부간에 계급이 있어서는 안 돼요. 네 일, 내 일은 어느 한쪽이 정하는 게 아니에요. 부부는 분부내리면 냉큼 거행하는 사이가 되어선 안 돼요. 어떤 일을 누가 할지 함께 정하는 겁니다. 말대답하면 다툼만 일어나요. 귀한 에너지 소모할 거 없어요. 만약의 사태에 대비해 소중히 아껴야죠. 메모 잊지 마시고요.

'모월 모일, 남편은 이런 일을 하라고 명령했다.'

이렇게 차곡차곡 모아둔 사례를 바탕으로 남편이랑 대화를 하는 거예요. 분위기 좋은 카페에서 향긋한 차 한 잔 마시면서요.

"당신에게 나는 어떤 사람인가요? 우리의 결혼 생활이 벌써 7년인데 이제 한번 정리할 때가 온 것 같아요."

그러면 대부분의 남자들은 상당히 겁을 먹어요.

• • •

부부간 잠자리는 민감하고 개인적인 사안이지만 이번 상담에서는 중요한 요소입니다. 아내는 부부 관계를 그다지 좋아하지 않은데 남편은 자주 요구하고 있습니다. 셜록 황은 그럴수록 큰 의미를 부여하지 말고

'이 사람은 나의 남편'이라는 것을 확인하는 차원으로
모드를 변환하라고 합니다. 일종의 청소나 설거지
따위의 집안일처럼 말이지요. 그 과정에서 남편이
이분을 아내로 여기는지, 길거리 여자로 대하는지
구분이 될 것입니다. 남편이 아내를 귀하게 여기지
않는 것으로 판명나면 지체 말고 통보하셔요.
이제, 정리하자고.

이분, 더 이상 자신을 학대 속에 방치하면 안 돼요.
남편이 어떤 인간인지 몰라서 결혼 생활을 좀 더
행복하게 가꾸고 싶어도 그럴 수 없었잖아요. 남편에게
말하세요. 부족한 점이 많지만 나는 앞으로 충분히 더
괜찮아질 수 있다고. 그리고 나는 나 자체로 충분히
괜찮은 사람이라고. 나처럼 충분히 괜찮은 사람이
결혼 후 지난 7년간 심리적으로 암에 걸린 상태라고
알려주세요. 암 때문에 6개월일지 1년일지 모를 시한부
인생을 살고 있으며 이윽고 마음이 죽게 되면 부부의
인연은 끝이라고 선전포고해야 합니다. 결코 큰소리로
얘기하지 마세요. 흥분하지 말고 담백한 어조로
하세요. 그리고 나서 남편에게 물어보세요. 암 치료에
협조할 것인지, 아니면 돈이 아까워서 죽게 내버려둘
것인지. 선택은 당신에게 달렸다고.
　"너, 지금 뭐하냐? 협박하냐?"
　남편이 어떻게 반응하든 내버려둬요. 그러거나

말거나, 여전히 담백한 어조로 말하세요.

　암세포 제거 수술을 받기 위해 상담을 받을 것이고
당신도 함께 받았으면 좋겠다고. 거절한다면 6개월
혹은 1년 후에 나는 아마 죽고 말 거라고.

　"죽는다는 게 무슨 뜻인 줄 알아? 이혼한다는 거야."

　셜록 황의 해법을 들은 내담자는 비용을 본인이
지불하더라도 남편이 상담을 꼭 받게끔 하고 싶다고
말했습니다. 그러자 셜록 황은 말렸습니다. 상담 비용은
남편이 지불해야 하니까요. 그래야 효과가 있어요.
아내가 암에 걸렸는데 남편이 수술비를 모른 척한다면
그 결혼은 정상이 아니에요. 아내가 어떤 존재인지
남편은 이런 기회를 통해 알아야지요.

　내담자는 겁이 납니다. 남편이 과연 자신의 말을
들을지 확신이 없으니까요. 그런 확신이 있었다면
여기까지 발걸음을 하지도 않았겠지요. 그러나
용기를 내야 합니다. 남편이 어떤 사람인지 알아가는
여행이라고 상상해보세요. 망가진 내 인생 조각을
하나하나 주워서 제자리에 놓아준다는 생각을 해도
좋아요. 이 여정을 성실히 밟으면 각각의 존재 이유를
알게 될 것입니다. 남편은 남편의 역할을, 아내는
아내의 역할을 새롭게 배울 것입니다. 쉽지 않겠지요.
위로가 될지 모르겠지만 깜짝 놀랄 만큼 많은 사람이

휴머니스트의 멋진 자기 찾기 — 오지랖 넓은 게 어때서

'남'을 알아가는 일은
'나'를 찾는 일

비슷한 갈등을 겪고 있어요. 이 과정에서 무엇을
확인하든, 그것은 그 자체로 의미가 있을 겁니다.

　남편의 멍청한 행동이 지금 파국을 낳은 가장 큰
원인이라는 건 변함없습니다. 그런데 이번 상담으로
아내로서 존중을 받지 못한 상황을 만드는 데
본인도 한몫했다는 것을 자각했잖아요. 노예가 되길
강요만 받은 것이 아니라 본인이 동조했다는 것을
깨달은 것만으로도 많은 부분이 달라질 것입니다.
남편을 대하는 자세, 스스로를 대하는 자세가 많이
달라지겠죠.
　이제 남편이 어떤 사람인지 알 차례예요. 하셔야
합니다. 결국 그게 나를 위하는 길이라는 걸, 언젠간
깨달으실 거예요.

휴머니스트

사람들과의 좋은 관계를 통해서 존재감 획득

— 사교적, 타인에 대한 관심이 높고 표현력과
순발력 좋음.

— 넓은 인간관계 형성.

— 마음 맞는 사람과 함께 일할 때 성과가 좋음.

외향적이고 긍정적

— 복잡 미묘한 감정을 읽는 일에 서툶.

— 부정적인 감정을 잘 잊으나 뒤끝이 오래감.

— 카리스마가 있으나 권위적.

휴머니스트는 타인에게 관심이 많고 자기감정을 비교적
잘 표현합니다. 삶을 대하는 자세가 긍정적인 편이고
다른 사람과 공감을 잘하는 편입니다. 사교적이고 성격
좋다는 소리, 친구가 많다는 소리를 들으며 낙천적이고
개방적이어서 주변에 늘 사람이 꼬입니다. 본인이 속한
집단이나 조직을 통해서 자기 정체성을 확인하려는

마음이 큽니다. 인적 네트워크 형성에 재능이 탁월하고 표현력과 순발력이 뛰어나서 남들의 호감을 삽니다. 나름의 카리스마를 발휘해서 아랫사람에게 보스로 대우받기도 합니다.

휴머니스트는 많은 사람과 어울리는 것에 초점을 둡니다. 그래서 일 자체에 대한 관심이 크지 않고 꼼꼼하지 못하다는 인상을 주기도 합니다. 실제로 휴머니스트는 정교함이 요구되는 일을 어려워합니다. 그리고 주어진 일 자체보다는 인간관계를 통한 해결을 훨씬 중요하게 여깁니다.

사람들과 잘 어울리고 자기감정을 쉽게 표현하는 반면 정작 상대방의 복잡 미묘한 감정을 파악하는 데는 서툴러서 남들이 다 아는 것을 혼자만 모르는 경우도 있습니다. 인간관계의 달인처럼 보이지만 사실상 인간의 섬세한 특성에 대해서는 민감도가 낮기 때문이죠.

휴머니스트는 동창회나 동호회 등 각종 모임을 즐깁니다. 뭐든 남들보다 번듯하게 보이기를 좋아합니다. 비교적 많은 사람과 인간관계를 맺고 그와 관련된 다양한 이벤트를 벌입니다. 휴머니스트는 감정이든 선물이든 잘 주고받지만 영양가가 별로 없는 안 좋은 기억은 빨리 잊어버리기도 합니다. 가족적인 것과 끈끈함에 많은 의미를 부여하기 때문에 특별한 목적이나 이해관계가 있는 만남보다는 사람 자체가 연결되는 상황을 더 편하게 생각합니다.

휴머니스트의 멋진 자기 찾기

오지랖 넓은 게 어때서

첫판 1쇄 펴낸날 2017년 11월 3일
     3쇄 펴낸날 2020년 10월 22일

지은이 황상민
발행인 김혜경
편집인 김수진
책임편집 이은정   편집 김수연
편집기획 김교석 조한나 이지은 유예림 김수연 유승연 임지원
디자인 한승연 한은혜
경영지원국 안정숙
마케팅 문창운 정재연
회계 임옥희 양여진 김주연

펴낸곳 (주)도서출판 푸른숲
출판등록 2003년 12월 17일 제406-2003-0000032호
주소 경기도 파주시 회동길 57-9, 우편번호 10881
전화 031)955-1400(마케팅부), 031)955-1410(편집부)
팩스 031)955-1406(마케팅부), 031)955-1424(편집부)
홈페이지 www.prunsoop.co.kr
페이스북 www.facebook.com/simsimpress   인스타그램 @simsimbooks

ⓒ황상민, 2017
ISBN 979-11-5675-716-0(04180)
ISBN 979-11-5675-713-9(세트)

심심은 (주)푸른숲의 인문·심리 브랜드입니다.

이 도서의 국립중앙도서관 출판시도서목록(CIP)은 e-CIP 홈페이지(http://www.nl.go.kr/ecip)와
국가자료공동목록시스템(http://www.nl.go.kr/kolisnet)에서 이용하실 수 있습니다. (CIP2017027374)